OnlinePrint für alle
Anlegen und Prüfen von Print-Dokumenten

Steffen Winter

Midas Computer Verlag
St. Gallen • Zürich

OnlinePrint für alle
Anlegen und Prüfen von Print-Dokumenten

Steffen Winter
www.beeindruckend-print.de

1. Auflage 2011
ISBN 978-3-907020-94-4

Bibliografische Information der Deutschen Nationalbibliothek

Die Deutsche Nationalbibliothek verzeichnet diese Publikation in der Deutschen Nationalbibliografie; detaillierte bibliografische Daten sind im Internet abrufbar über http://dnb.d-nb.de

ISBN 978-3-907020-94-4

Lektorat: Daniel Schilling
Korrektorat: Katja Kläfker
Layout / Cover: AHa.mediendesign
Druck: Druckhaus Frank, Wemding

Printed in Germany

Copyright © 2011 Midas Computer Verlag AG
Dunantstrasse 3, CH-8044 Zürich

Alle Rechte vorbehalten. Die Verwendung der Texte und Bilder, auch auszugsweise, ist ohne schriftliche Zustimmung des Verlages urheberrechtswidrig und strafbar. Dies gilt insbesondere für die Erstellung und Verbreitung von Kopien auf Papier, Datenträgern oder im Internet. Die Erstellung einer PDF- oder eBook-Version des vorliegenden Werks ist nur mit schriftlicher Genehmigung des Midas Verlags gestattet und wird bei Zuwiderhandlung strafrechtlich verfolgt.

In diesem Buch werden eingetragene Warenzeichen, Handelsnamen und Gebrauchsnamen verwendet. Auch wenn diese nicht als solche ausgezeichnet sind, gelten die entsprechenden Schutzbestimmungen.

Editorial

Warum dieses Buch – oder: Günstig kann auch teuer werden!

Eine neu aufgekommene Druckart, die Sammelform, revolutioniert seit einigen Jahren den Druckmarkt so stark, dass sich klassische Druckereien am Markt zunehmend an den günstigen Preisen der auf den unterschiedlichsten Onlineplattformen standardisierten Druckprodukte messen lassen müssen! Sich diesen Markt zu öffnen wird zur Herausforderung und Chance für bisher rein klassische Druckereien. Es mag für manche dieser Druckereien unvorstellbar klingen, aber genau das sind die „hard facts".

Standardisierte Druckprodukte werden immer günstiger und das ist, aus Sicht des Kunden, auch gut so. Um aber dem Kunden ein günstiges Produkt anbieten zu können haben die Druckereien den Spieß umgedreht. Während im klassischen Druck die Druckerei die notwendigen Anpassungen der gelieferten Daten für den Kunden übernimmt, muss sich dieser jetzt selbst um die richtige Aufbereitung seiner Druckdaten, nach den jeweiligen Anforderungen der Onlinedruckerei, kümmern. So ist es günstiger denn je, an ein hochwertiges Druckprodukt zu kommen, aber nur wenn man die notwendigen Kenntnisse hat.

Dieser Band richtet sich sowohl an Kunden als auch an Mitarbeiter von Onlinedruckereien.

Vom Kunden als grafischen Laien, der beeindruckende 60% (… und mehr) des tagtäglichen Auftragsvolumens einer Onlinedruckerei stemmt, bis hin zum Großkunden sowie auch für jene Mitarbeiter einer Onlinedruckerei, die tagein und tagaus tausenden Kunden die Druckdaten-Anforderungen erklären. Genau aus diesem Grund haben wir hier sehr viel Wert auf die Mindestanforderung an grafischem Basiswissen gelegt und dieses anhand von praktischen Beispielen, und manchmal mit einem Augenzwinkern, erklärt.

Viel Spaß beim Lesen
und Ausprobieren,
Ihr Steffen Winter

Inhaltsverzeichnis

Wenn die Kommunikation scheitert 6

ISOcoated_v2_300 FOGRA 39L
Download & Installation 13

How to ...
Anlegen von Printdokumenten 20

1. Bildaufbereitung in Adobe Photoshop 22
1.1 Farbmanagement einstellen 22
  · Separationseinstellungen Offset 22
1.2 Öffnen von Bilddaten 22
  · Profilabweichung 22
1.3 Bildbearbeitung 23
  · Tonwertkorrektur 23
  · Umwandlung in das CMYK Ausgabeprofil 23
  · Farbton/Sättigung 24
  · Bildauflösung 24
1.4 Dateiformat TIFF abspeichern 25
  · Farbprofil einbetten 25
  · TIFF Optionen 25

2. Layout in Adobe InDesign 26
Produkt: DL 6-Seiter Wickelfalz quer 4/4
2.1 Kontrolle der Farbeinstellungen 26
  · CS4 Farbeinstellungen synchronisieren 26

2.2 Neues Dokument anlegen 27
  · Seitenformat 27
  · Beschnittrand/Sicherheitsabstand 27
  · Setzen von Falzmarken und Hilfslinien 29
  · Seitenfenster „Mustervorlage" 32
2.3 Platzieren von Inhalten (Bild und Text) 33
  · (Rechteck) Rahmenwerkzeug 33
  · Auswahlwerkzeug 34
  · Direktauswahlwerkzeug 35
  · Seitenfenster „Farbfelder" 36
  · Mit Text arbeiten 37
  · Konturenführung 37
  · Anordnen von Objekten 39
  · Effekte anwenden 39
2.4 Vorbereitungen für den PDF/X-Export 43
  · Die Funktion „Verpacken" 43
  · Schriften „In Pfade umwandeln" 45
2.5 Der PDF/X-3:2002-Export 46
  · Kategorie „Allgemein" 46
  · Kategorie „Komprimierung" 47
  · Kategorie „Marken und Anschnitt" 48
  · Kategorie „Ausgabe" 48
  · Kategorie „Erweitert" 50
  · Kategorie „Sicherheit" und „Übersicht" 50

3. Adobe Acrobat Pro 53
Überprüfung des PDF mit Preflight und Ausgabevorschau
3.1 Preflight „Profile" 53
3.2 Preflight „Ergebnisse" 54
3.3 Ausgabevorschau 56
3.4 Gesamtfarbauftrag 57

Inhaltsverzeichnis

How to ...
PDF-Prüfung mit PitStop & Acrobat Pro 58

1. Der PDF/X Standard 60
1.1 Warum PDF/X 60

2. Adobe Acrobat Pro 9 61
2.1 Farbmanagement 61

3. PitStop-Professional 8 62
3.1 Farbmanagement 62
    · Farbmanagement einstellen 62
3.2 Erstellen eines PDF-Prüfprofils nach den Vorgaben einer Onlinedruckerei 62
    · Der Enfocus PDF Profil Editor 65
      - Allgemeine Übersicht des Prüfberichts 65
      - Einstellung der „richtigen" Maßeinheit 88
3.3 Der QuickRun 89
    · Erstellen eigener QuickRuns 89
      - QuickRun für PDF-Prüfprofil erstellen 89
      - QuickRun für Aktionslisten erstellen 93
3.4 Der Preflight Bericht (Report) 97

Über ...
die häufigsten Reklamationen durch fehlerhafte Datenanlieferung 98

Platz 1 - Die Farbigkeit 100
1.1 Die Farbe bzw. die Farbwirkung des gelieferten Produkts stimmt nicht mit der an die Onlinedruckerei gelieferten Druckdatei überein 100
1.2 Erklärungen zu den Fachbegriffen 101
    · RGB 101
    · CMYK 102
    · Druckproduktangaben 103
    · Sonderfarben 103
    · Das ICC-Farbprofil 104
    · Der Farbauftrag 105

Platz 2 - Ungeeignetes Dateiformat 106
2.1 Das von ihnen gelieferte Dateiformat ist nicht, oder nur bedingt verwendbar. 106
    · Was ist ein Dateiformat? 106
    · Das JPEG (+JPEG 2000) 106
    · Das TIFF 109
    · Das PDF 112

Platz 3 - Die Bildauflösung 114
3.1 Die Bildauflösung Ihrer Datei ist zu gering 114
    · Rasterweite und Bildauflösung 115
    · Interpolation 116

Platz 4 - Falsche Abmessungen 119
4.1 Das von Ihnen gelieferte Datenformat stimmt nicht mit dem bestellten Produkt überein 119
    Datenformat 119
    Endformat 119

Wenn die Kommunikation scheitert ...

Nicht umsonst brauchen junge Drucker drei Jahre, um ihren Beruf zu erlernen: Drucken erfordert einiges an Know-how und es hat seine eigene Fachsprache. Das kann zur Folge haben, dass zwischen Drucker und Kunde Sprachverwirrung herrscht, die am Ende in Frust und Ärger eskaliert. Bevor wir auf den folgenden Seiten diese Sprachverwirrung systematisch aus dem Weg räumen, sollen Ihnen einige typische Reklamationsfälle direkt aus der Praxis zeigen, woran die Kommunikation so häufig scheitert.

Fast jede Onlinedruckerei könnte mit Sicherheit ein ganzes Buch mit solchen Reklamationsvorfällen füllen. Ich versichere Ihnen, dass diese Beispiele nur die Spitze vom Eisberg sind. Die folgenden Beispiele mögen zwar einen „gewissen" Unterhaltungswert besitzen, aber nur bis zu dem Punkt, an dem Sie sich selber damit konfrontiert sehen.

Online-Druckereien haben die Pflicht dafür zu sorgen, dass ihre Kunden bei der Datenübermittlung keine Fehler machen können und die Kunden der Online-Druckereien haben ein Recht darauf.

Ihr Steffen Winter

FALL 1

Aufgrund einer möglichen saisonbedingten längeren Bearbeitungszeit von Reklamationen stellt so mancher Kunde die ein oder andere ganz interessante Frage, was denn nun mit seiner Reklamation los sei … Hilfestellung erwünscht!

Reklamation Nummer ▓▓▓▓

Sehr geehrte Damen und Herren,

seit dem ▓▓▓▓ warte ich auf eine Rückmeldung zu meiner Reklamation.
Vielleicht leistet Ihnen dieses Formblatt Hilfestellung bei der Beantwortung und Bearbeitung.

- Wir bearbeiten grundsätzlich keine Reklamationen.
- Der zuständige Mitarbeiter ist
    - o verschollen o krank o verstorben
    - O hat psychische Probleme.
- Wir finden Ihre Reklamation nicht.
- Der Fehler liegt in
    - O Ihrer Datei
    - o unserem Druckvorgang
    - o sonstiges:
- **Wir finden den Fehler nicht**
- **Kern unserer Reklamationsbearbeitung ist unsere automatisierte Remail, die meistens funktioniert. Andere Strukturelemente sind noch im Aufbau.**
- Wir kümmern uns sofort darum und Sie erhalten innerhalb von 24 Stunden Antwort.

Ich würde mich freuen, wenn meine Vorlage Ihnen hilfreich ist.

Ob, oder welcher Punkt möglicherweise auf Ihre Onlinedruckerei zutrifft sei einmal dahin gestellt. Wobei ich persönlich den rot eingerahmten Vorschlag besonders gut finde.

FALL 2

Dieses Beispiel zeigt, was passieren kann, wenn eine Online-Druckerei ihren Kunden ungeeignete Kommunikationswege öffnet.

Der Kunde reklamiert hier den „Farbunterschied" zweier identischer Aufträge, die mit ein und derselben Datei gedruckt wurden. Der Zeitraum zwischen den Druckaufträgen lag bei zirka. zwei Monaten, bei derselben Onlinedruckerei.

Anfang Juni bei Ihnen gedruckt

STYLING Party
Die einzig wahre **Style-Nacht**
immer freitags
von 18 - 22 Uhr
Stylingparty mit fetziger Musik und coolen Drinks

*Diesen Flyer druckten Sie bei der letzten Bestellung im Juni, er war gut.
Bitte vergleichen Sie die heute gesandten den Kunden nicht geben können.*

Das Kuriose daran? Ganz einfach: der Kunde hat sich die Mühe gemacht, jeweils ein Exemplar von jedem der beiden Aufträge auf ein weißes Blatt Papier zu kleben, um es dann per Fax als Reklamation einzureichen. Was aber vorher noch „schön bunt" beim Absenden war, erscheint beim Empfänger des Faxes natürlich nur schwarzweiß! Oder erkennen Sie vielleicht den reklamierten Farbunterschied?

Eine Onlinedruckerei sollte eine solche Reklamationsmöglichkeit unbedingt ausschließen!

FALL 3

In einer Onlinedruckerei ist es absolut unmöglich, einzelne Aufträge auf der Druckbogen-Sammelform gesondert zu behandeln. In diesem Beispiel ist es leider nur verständlich, dass die Druckerei den Wunsch des Kunden nicht erfüllen kann, auch wenn sie dies wollte.
Kunde: „ … meine Hausfarben auf der Visitenkarte haben die von mir in der Druckdatei angegebenen Farbwerte. Bitte drucken Sie die Visitenkarten unbedingt in den angegebenen Farbwerten, danke".

Und so kam die Druckdatei in einer Onlinedruckerei an:

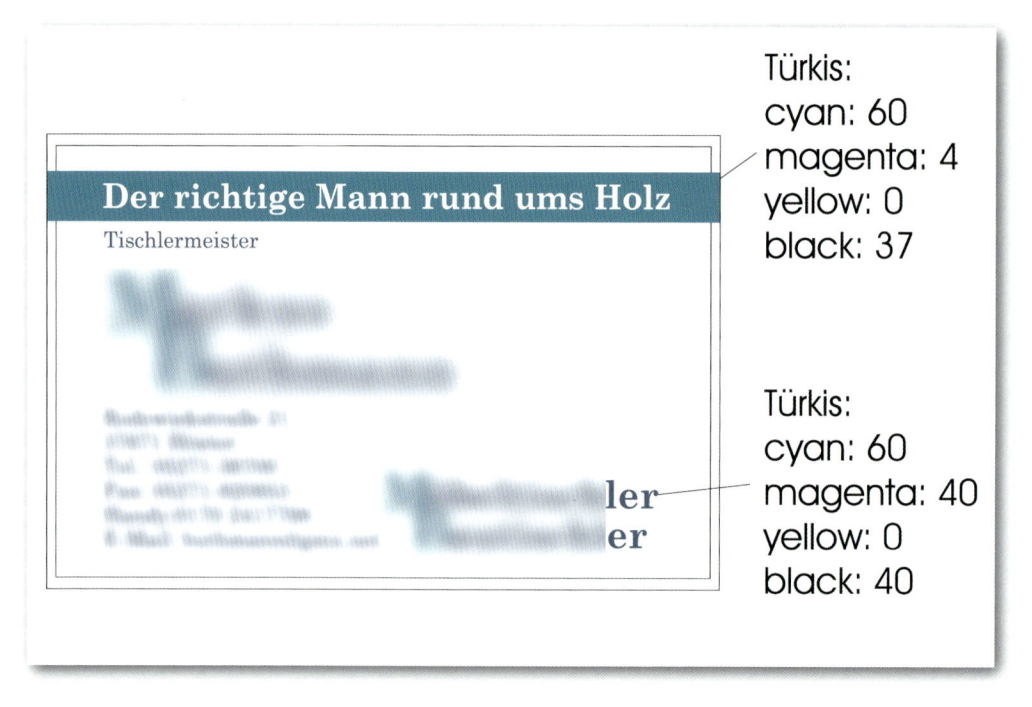

Der richtige Mann rund ums Holz
Tischlermeister

Türkis:
cyan: 60
magenta: 4
yellow: 0
black: 37

Türkis:
cyan: 60
magenta: 40
yellow: 0
black: 40

In diesem Fall hat der Kunde auch das anzuliefernde Datenformat durch seine angegebenen Farbwerte überschritten.

Anzulieferndes Datenformat soll 87x57mm sein.
Angeliefertes Datenformat ist aber 120,3x68,1mm.

Kunde lieferte die Druckdatei, durch seine angegebenen Farbwerte, zu groß an die Onlinedruckerei. Der Auftrag kann so nicht platziert werden.

Und wieso lässt sich diese Farbe nicht ganz genau so bei einer Onlinedruckerei drucken?

Zusammenhang zwischen Farbe und Sammelform in einer Onlinedruckerei

Beispiel: Bitte stellen Sie sich für die Sammelform (Druckbogen) die Größe von A0 (Querformat 1189x841mm) vor. Abzüglich einer nicht bedruckbaren Fläche, nämlich den Rändern des Druckbogens (die unter anderem für den Druckbogentransport in der Druckmaschine notwendig sind), bleibt eine bedruckbare Fläche von rund 999x696mm übrig. Auf dieser Fläche finden nun sage und schreibe 140 Visitenkartennutzen in einer Größe von jeweils 87x57mm Platz!

Das heißt, auf diesen Druckbogen passen 140 unterschiedliche Kundenaufträge. Wenn der Drucker jetzt die Farbe des Druckbogens in seiner Druckmaschine auf den Farbwunsch des Kunden (wie in der Visitenkarte Fall 3) einstellen würde, was passiert dann? Genau, die Farbigkeit aller anderen 139 Kundenaufträge auf dem Druckbogen würde sich auch ändern! Für die Rückseite dieser platzierten Visitenkarten gilt im Übrigen das Gleiche; und selbstverständlich auch für alle anderen Offsetprodukte einer Onlinedruckerei.

INFO:
Das ist der ausschlaggebende Grund warum …
- … Onlinedruckereien auf die „**Farbigkeit**" ihrer Produkte keine Gewährleistung geben (können).
- … es in Onlinedruckereien keinen „**Andruck**" im klassischen Sinn gibt. Stellen Sie sich bitte 140 Kunden an der Druckmaschine zur Abnahme ihrer Aufträge auf nur einem Druckbogen vor.
- … ein **Digitalproof** bei Offsetprodukten von Onlinedruckereien, meiner Ansicht nach, keinen Sinn macht.

WICHTIG!
Achten Sie als Kunde möglichst darauf, dass die Onlinedruckerei nach dem PSO-Standard (ProzessStandardOffset) zertifiziert ist!

Alle vorangegangenen Stilblüten sind nur ein klitzekleiner Auszug aus einem Reklamationsportfolio einiger Onlinedruckereien.

Diese Beispiele und auch das gesamte Buch an sich tragen hoffentlich in Zukunft mit dazu bei, dass die Kommunikation zwischen Druckerei und Kunden künftig besser klappt.

ISOcoated_v2_300 FOGRA 39L

Download & Installation

Ein grundlegendes Problem tritt häufig schon durch die Anforderung der Onlinedruckereien auf, ein bestimmtes Farbprofil zu verwenden. In unserem Beispiel das CMYK-Farbprofil „ISO coated v2 300".

Dieses Farbprofil ist bei keiner Layoutsoftware standardmäßig enthalten und dadurch auch nicht in den Farbeinstellungen auswählbar. Der grafische Laie bleibt hier leider ganz klar sich selbst überlassen, auch wenn er die Mitarbeiter der ausgewählten Onlinedruckerei anrufen und diesbezüglich fragen kann.

Hier können Sie bereits feststellen, ob der jeweilige Service-Mitarbeiter am Telefon sein Handwerk versteht und Ihnen weiterhelfen kann. Wenn nicht, sollte er Sie (kostenlos) an einen erfahrenen Kollegen weitervermitteln. Da dies leider nicht immer der Fall ist, zeige ich Ihnen hier eine einfache Hilfestellung.

Ein wichtiger Schritt zur Problemvermeidung ist, das von der Onlinedruckerei geforderte Farbprofil für das gewünschte Produkt zu verwenden.

Wie das funktioniert zeigt die folgende **Schritt-für-Schritt-Anleitung**, die sich bisher bewährt hat. Die wichtigsten **Einstellungen und Vorgehensweisen** in dem jeweiligen Programm liegen in Form von Abbildungen (Screenshots) vor. Alle Pfade zu **Funktionen und Werkzeugen** plus wichtige Hinweise sind zusätzlich in der Seitenleiste dieser Anleitung zu finden.

Die Funktionalität und der jeweilige Pfad zu den Werkzeugen ist so ebenfalls unter Windows auffindbar.

So laden und installieren Sie das Farbprofil „ISOcoated_v2_300_eci.icc" (FOGRA39L) in Adobe Photoshop CS4.

1. Laden Sie das Archiv „eci_offset_2009.zip" von der Internetseite **http://www.eci.org** herunter.

Offset-Profile
eci_offset_2009.zip 15709 KB 2009-05-29

2. Entpacken Sie das heruntergeladene Archiv.

3. Öffnen Sie den entpackten Ordner.
Folgende Objekte befinden sich darin:

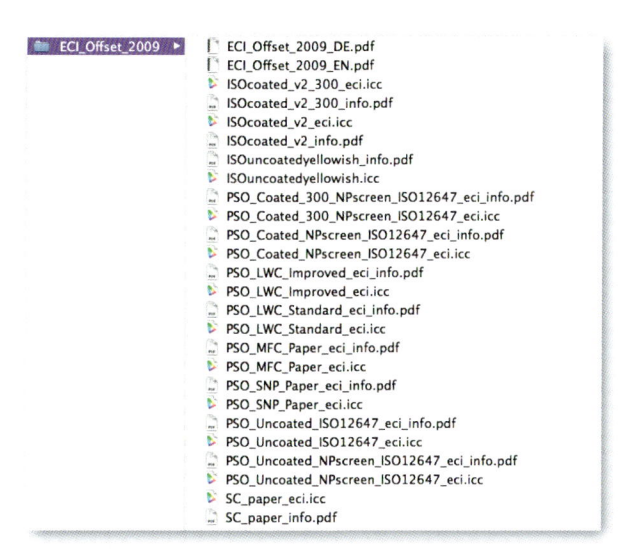

- ECI_Offset_2009_DE.pdf
- ECI_Offset_2009_EN.pdf
- ISOcoated_v2_300_eci.icc
- ISOcoated_v2_300_info.pdf
- ISOcoated_v2_eci.icc
- ISOcoated_v2_info.pdf
- ISOuncoatedyellowish_info.pdf
- ISOuncoatedyellowish.icc
- PSO_Coated_300_NPscreen_ISO12647_eci_info.pdf
- PSO_Coated_300_NPscreen_ISO12647_eci.icc
- PSO_Coated_NPscreen_ISO12647_eci_info.pdf
- PSO_Coated_NPscreen_ISO12647_eci.icc
- PSO_LWC_Improved_eci_info.pdf
- PSO_LWC_Improved_eci.icc
- PSO_LWC_Standard_eci_info.pdf
- PSO_LWC_Standard_eci.icc
- PSO_MFC_Paper_eci_info.pdf
- PSO_MFC_Paper_eci.icc
- PSO_SNP_Paper_eci_info.pdf
- PSO_SNP_Paper_eci.icc
- PSO_Uncoated_ISO12647_eci_info.pdf
- PSO_Uncoated_ISO12647_eci.icc
- PSO_Uncoated_NPscreen_ISO12647_eci_info.pdf
- PSO_Uncoated_NPscreen_ISO12647_eci.icc
- SC_paper_eci.icc
- SC_paper_info.pdf

INFO Unzählige Kunden aber auch Onlinedruckereien kommunizieren das Farbprofil ISOcoated_v2_300_eci.icc als FOGRA 39L. Das ist richtig, aber ... Die Bezeichnung FOGRA 39L umfasst viel mehr Farbprofile als nur das Farbprofil ISOcoated_v2_300_eci.icc.

Unter der Bezeichnung **FOGRA 39L** finden Sie unter anderem auch Farbprofile für den Zeitungsdruck. Da hier unterschiedliche Anforderungen bestehen, sollte immer das für das Druckprodukt von der Druckerei empfohlene Farbprofil benutzt werden! FOGRA 39L ist die Charakterisierung von vielen unterschiedlichen Farbprofilen und ist nicht nur an das Farbprofil ISOcoated_v2_300_eci.icc gebunden – also unbedingt aufpassen!!!

Weitere Informationen hierzu können Sie dem Dokument „**ECI_Offset_2009_DE.pdf**", welches in der heruntergeladenen ZIP-Datei enthalten ist, entnehmen.

Ps

● Sie finden das Archiv auf der Seite **www.eci.org** in der linken Spalte unter der Kategorie „Downloads".

● linke Maustaste: „Doppelklick"

● ISOcoated v2 300 eci.icc oder **FOGRA 39L?**

● **Für Windows-Benutzer:** Sie können das vorher ausgewählte Farbprofil auch mit Klick auf die rechte Maustaste über den Eintrag „Profil installieren" aus dem Kontextmenü installieren.

● Klicken Sie das benannte Profil dazu mit der rechten Maustaste an und wählen Sie im aufgehenden Kontextmenü **„ISOcoated v2_300_eci.icc" kopieren** aus.

● Sie können das Profil sonst in den Farbeinstellungen der Adobe Creative Suite nicht auswählen.

● **Übrigens**: Um das Profil einfügen zu können benötigen Sie **Administrator-Rechte**!

● Fügen Sie nun das Profil „ISOcoated_v2_300_eci.icc". in den angegebenen Pfad ein.

4. Kopieren Sie das Profil mit dem Namen „ISOcoated_v2_300_eci.icc".

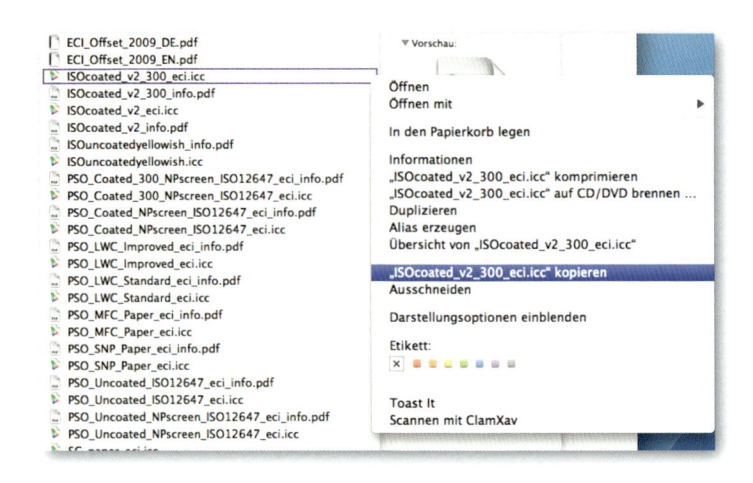

ACHTUNG!
ALLE PROGRAMME DER ADOBE CS MÜSSEN VOR DEM EINFÜGEN DES FARBPROFILES (IN DIE UNTEN AUFGEFÜHRTEN DATEIPFADE) UNBEDINGT BEENDET WERDEN!

5. Navigieren Sie in Ihrem Betriebssystem, mit dem jeweilig verwendeten Dateimanager, folgende Pfade an:

Apple Plattform [Mac OS X Findermenü]:
/Library/Application Support/Adobe/Color/Profiles/ Recommended

Unter **Windows** können Sie das vorher ausgewählte Farbprofil auch mit einem Rechtsklick auf die Maus und über das dann erscheinende Kontextmenü installieren!

Windows XP [Explorer]:
C:\Programme\Gemeinsame Dateien\Adobe\Color\Profiles\Recommended

Windows Vista [Explorer]:
C:\Program Files (x86)\Common Files\Adobe\Color\Profiles

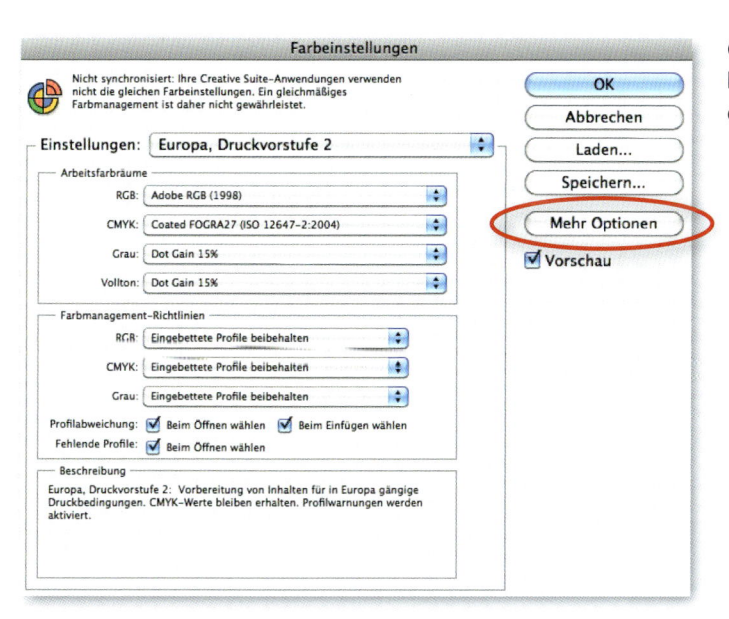

6. Starten Sie nun Adobe Photoshop und öffnen Sie die Farbeinstellungen.

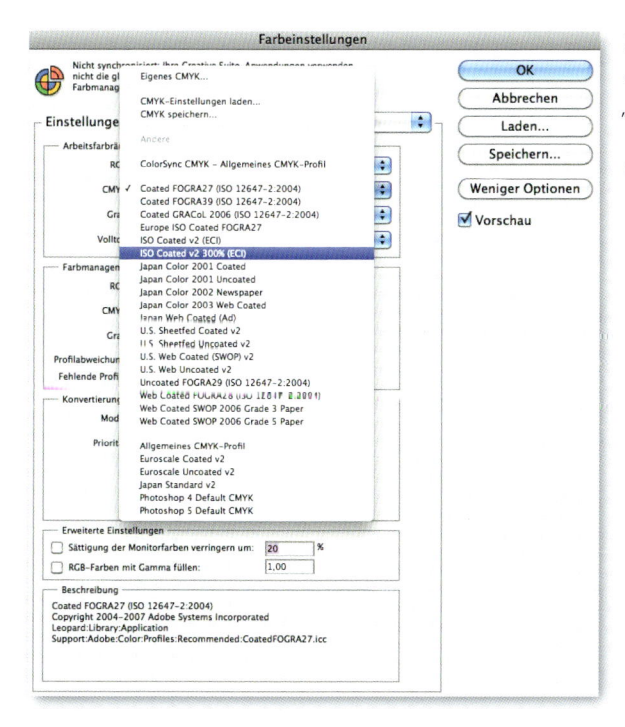

7. Klicken Sie nun in der Kategorie Arbeitsfarbräume auf den Reiter „CMYK"und wählen das vorher installierte Farbprofil „ISO Coated v2 300% (ECI)" aus.

● **Menü-Pfad**
Bearbeiten/
Farbeinstellungen

● Mehr Optionen:
Klicken Sie auf den Button „Mehr Optionen"

ACHTUNG!
Wenn Sie in den Farbeinstellungen nicht auf „**Mehr Optionen**" geklickt haben, werden Ihnen in der Auswahl nur die von der Software mitgelieferten Farbprofile angezeigt!

● **Wichtig**
Speichern Sie über den **„Speichern … -Dialog"** die rechts im Screenshot ausgewählten Farbeinstellungen ab

8. Übernehmen Sie die in der Abbildung unten angezeigten Einstellungen indem Sie auf den Button „Speichern" klicken.

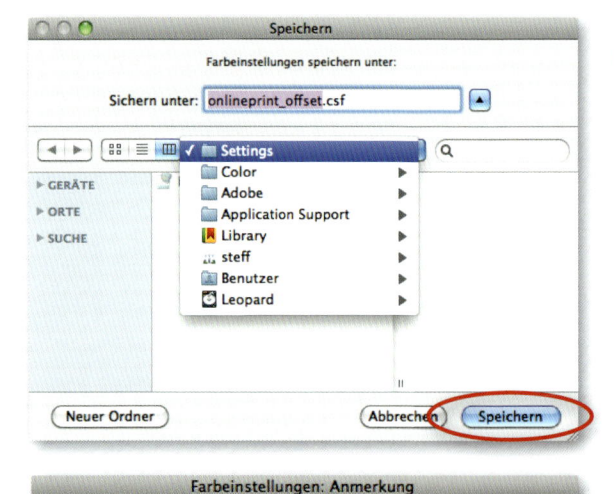

● **Farbeinstellungen speichern unter:**
Es wird automatisch das richtige Verzeichnis, in das die Voreinstellung gespeichert werden soll, geöffnet. Geben Sie nun der Farbeinstellung einen Namen, z. B. onlineprint_offset, und klicken Sie noch einmal auf **„Speichern"**

● **Farbeinstellungen: Anmerkungen**
Bestätigen Sie das darauf erscheinende Anmerkungsfenster mit **„OK"**.

9. In der Abbildung der Speicherdialog der Farbeinstellungen.

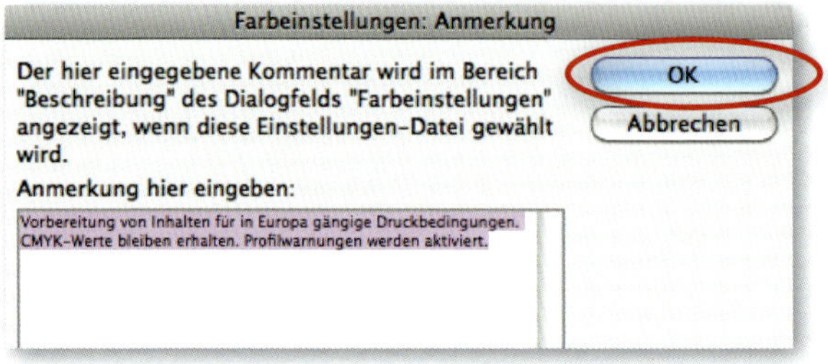

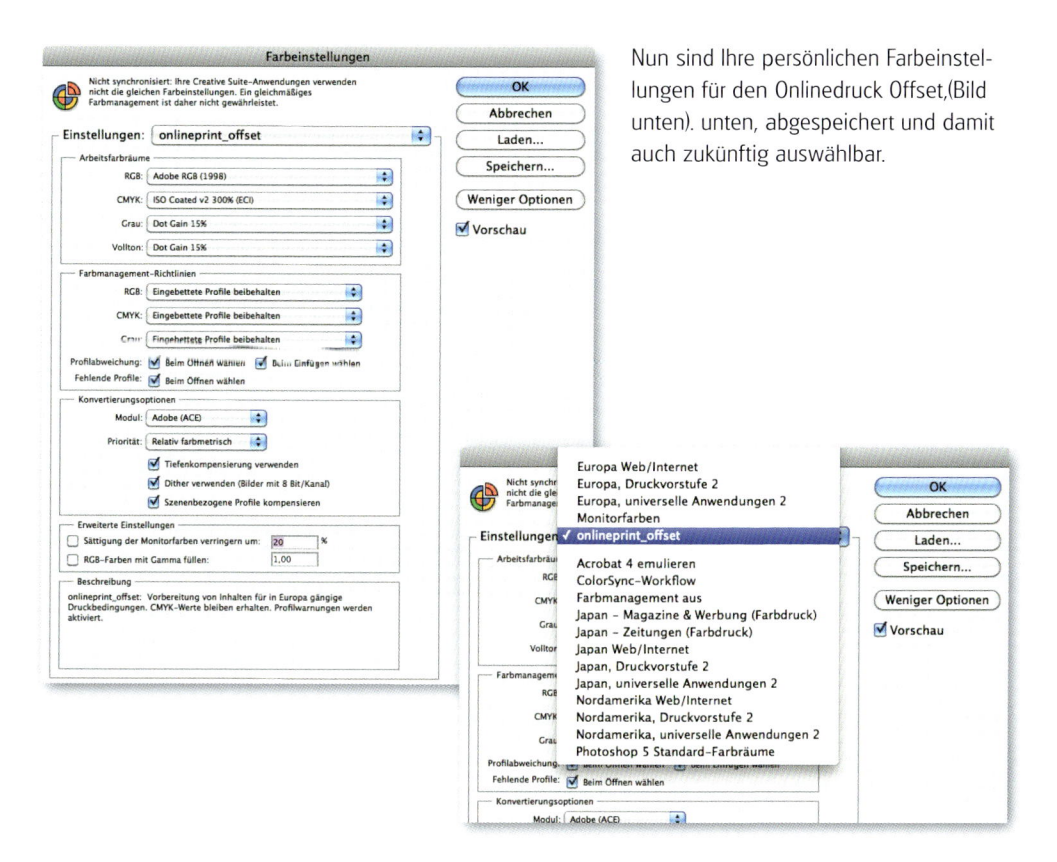

Nun sind Ihre persönlichen Farbeinstellungen für den Onlinedruck Offset,(Bild unten). unten, abgespeichert und damit auch zukünftig auswählbar.

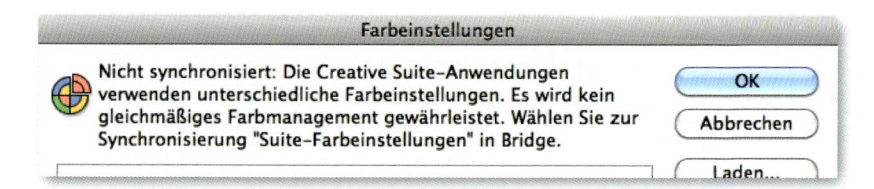

● Werbetechnik-Produkte
Ich empfehle Ihnen das gleiche Vorgehen für Onlineprodukte aus der **Werbetechnik**. Allerdings ist hier ein anderes Farbprofil auszuwählen (meistens ist es FOGRA 27).

So können Sie für unterschiedliche Druckprodukte sehr komfortabel die jeweils notwendigen Farbeinstellungen aufrufen und anwenden.

10. Sie haben zwar jetzt Ihre persönlichen Farbeinstellungen in Photoshop hinterlegt und ausgewählt, doch arbeiten noch alle anderen Anwendungen der Adobe CS nicht mit diesen Farbeinstellungen. Das können Sie am Tortensymbol im Farbeinstellungsfenster erkennen.

● Menü-Pfad
Bearbeiten/Creative Suite-Farbeinstellungen …

● Synchronisieren der Creative Suite-Farbeinstellungen
Nur so stellen Sie sicher, dass alle Adobe CS Anwendungen auch mit diesen Farbeinstellungen arbeiten!

11. Öffnen Sie nun die Anwendung Adobe Bridge aus Ihrer Creative Suite.

Dieses Programm ist Bestandteil der Adobe CS. Gehen Sie nun in den Menü-Dialog „Bearbeiten/Creative Suite-Farbeinstellungen" und wählen Sie Ihre zuvor in Photoshop gespeicherten Farbeinstellungen mit dem Namen „onlineprint_offset" aus. Bestätigen Sie Ihre Auswahl mit einem Klick auf „Anwenden".

Öffnen Sie nochmals die Photoshop Farbeinstellungen.
Nach der Anpassung muss die „Torte", oben links in den Farbeinstellungen, vollständig angezeigt werden.

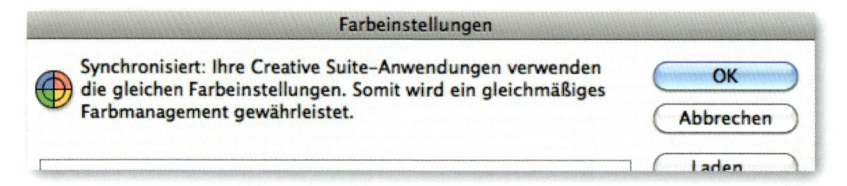

beeindruckende Ergebnisse mit

AHa. Effekt?

Kriegen Sie.
Bei uns.

AHa.mediendesign
frankfurter strasse 87
97082 würzburg

0931.2969043
0179.7956900
office@aha-mediendesign.de

www.aha-mediendesign.de

How to ...
Anlegen von Printdokumenten

Über diesen Layout-Guide

Das folgende Kapitel „**Layout Guide DL 6-Seiter**" liefert allen Leser einen beispielhaften Durchlauf für ein druckfähiges Dokument.

Es ist keinesfalls als ein vollständiges Handbuch zu Adobe Photoshop, Adobe InDesign und Adobe Acrobat zu verstehen. Es beschränkt sich ganz bewusst auf die wichtigsten Funktionen und Werkzeuge, die Ihnen bei der Bildbearbeitung in Photoshop, beim Layout in InDesign und der Überprüfung des exportierten PDF Ihres Dokumentes mit Hilfe von Acrobat Preflight dienlich sind.

Die wichtigsten Einstellungen und Vorgehensweisen in dem jeweiligen Programm liegen in Form von Abbildungen (Screenshots) vor. Alle Pfade zu Funktionen und Werkzeugen sind zusätzlich in der rechten Seitenleiste dieses Handbuchs zu finden. Die Funktionalität und der jeweilige Pfad zu den Werkzeugen sind ebenfalls auf diese Weise unter Windows auffindbar.

Layout Guide – DIN Lang 6-Seiter

1. Bildaufbereitung in Adobe Photoshop

1.1 Farbmanagement einstellen
- Separationseinstellungen Offset

1.2 Öffnen von Bilddaten
- Profilabweichung

1.3 Bildbearbeitung
- Tonwertkorrektur
- Umwandlung in das CMYK Ausgabeprofil
- Farbton/Sättigung
- Bildauflösung

1.4 Dateiformat TIFF abspeichern
- Farbprofil einbetten
- TIFF Optionen

2. Layout in Adobe InDesign
Produkt: DL 6-Seiter Wickelfalz quer 4/4

2.1 Kontrolle der Farbeinstellungen
- CS-Farbeinstellungen synchronisieren

2.2 Neues Dokument anlegen
- Seitenformat
- Beschnittrand/Sicherheitsabstand
- Setzen von Falzmarken und Hilfslinien
- Seitenfenster „Mustervorlage"

2.3 Platzieren von Inhalten (Bild und Text)
- (Rechteck) Rahmenwerkzeug
- Auswahlwerkzeug
- Direktauswahlwerkzeug
- Seitenfenster „Farbfelder"
- Mit Text arbeiten
- Konturenführung
- Anordnen von Objekten
- Effekte anwenden

2.4 Vorbereitungen für den PDF/X-Export
- Die Funktion „Verpacken"
- Schriften „In Pfade umwandeln"

2.5 Der PDF/X-3:2002-Export
(nach den Vorgaben von Onlinedruckereien)
- Kategorie „Allgemein"
- Kategorie „Komprimierung"
- Kategorie „Marken und Anschnitt"
- Kategorie „Ausgabe"
- Kategorie „Erweitert"
- Kategorie „Sicherheit" und „Übersicht"

3. Adobe Acrobat Pro
Überprüfung des PDF mit Preflight und Ausgabevorschau

3.1 Preflight „Profile"

3.2 Preflight „Ergebnisse"

3.3 Ausgabevorschau

3.4 Gesamtfarbauftrag

1. Bildaufbereitung in Adobe Photoshop

1.1 Farbmanagement einstellen

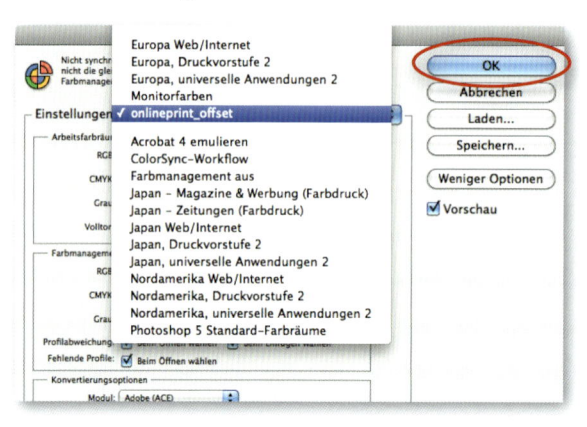

● Menü-Pfad
Bearbeiten/
Farbeinstellungen …

● Menü-Pfad
Datei/Öffnen …

Sofern Sie im Kapitel vorher alles richtig gemacht haben, können Sie in den Photoshop Farbeinstellungen die gespeicherte Einstellung „onlineprint_offset" auswählen. Klicken Sie danach auf „OK".

1.2 Öffnen von Bilddaten

Kommen wir nun zum Öffnen von Bilddaten. Wir haben in unseren Farbeinstellungen in der Kategorie „Farbmanagement-Richtlinien" die Checkboxen für „Profilabweichung" und „Fehlende Profile" aktiviert. Das heißt, immer wenn Sie eine Datei öffnen und diese nicht dem von Ihnen vorher ausgewählten CMYK-Arbeitsfarbraum ISO Coated v2 300% entspricht, erhalten Sie darüber einen Hinweis (Siehe Abbildung unten).

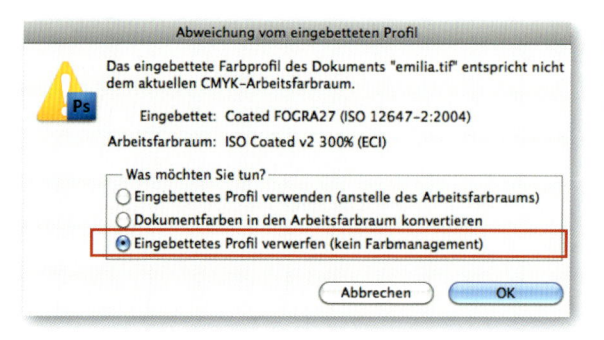

● Bei Profilabweichung IMMER „Eingebettetes Profil verwerfen (kein Farbmanagement)"!

So wird sichergestellt, dass das Originaldokument unverändert geöffnet und dargestellt wird.

Hier ist das eingebettete Farbprofil der Bilddatei „Coated FOGRA27 (..)". Übernehmen Sie die in der Abbildung. links aufgezeigten Einstellungen und bestätigen diese mit „OK".

1.3 Bildbearbeitung – Tonwertkorrektur

Mit den Korrektureinstellungen für „**Tonwertkorrektur**" können Sie den Tonwertbereich und die Farbbalance eines Bildes ändern, indem Sie die Helligkeitsstufen für Tiefen, Mitteltöne und Lichter des Bildes korrigieren. Das Histogramm im Dialogfeld „**Tonwertkorrektur**" dient als visuelle Hilfe beim Einstellen der Farbwerte des Bildes.

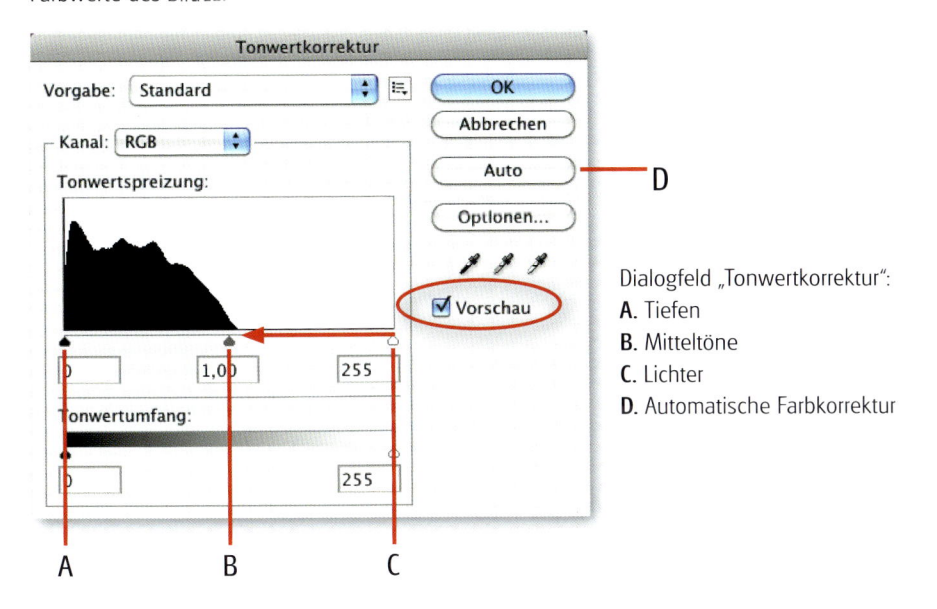

Dialogfeld „Tonwertkorrektur":
A. Tiefen
B. Mitteltöne
C. Lichter
D. Automatische Farbkorrektur

1.3 Bildbearbeitung – Umwandlung in das CMYK Ausgabeprofil

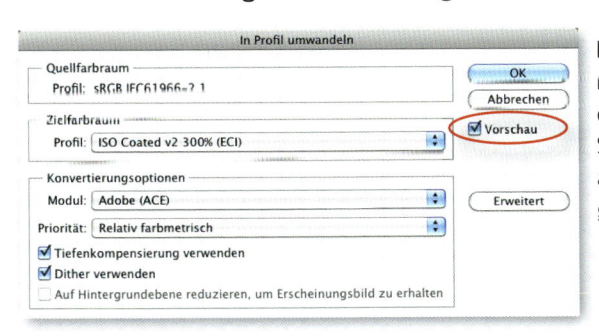

In diesem Schritt wandeln Sie das geöffnete Bild in das vorgegebene Profil „ISO coated v2 300% (ECI)" um. Übernehmen Sie die in der nebenstehenden Abb. unten aufgeführten Einstellungen und bestätigen Sie danach mit „OK".

● **Menü-Pfad**
Bild/Korrekturen/
Tonwertkorrektur …

● **Vorschau**
Aktivieren Sie die Checkbox „**Vorschau**" um die Veränderungen an der Bilddatei unmittelbar anzuzeigen.

● **Info**
Ziehen Sie die Regler A und C im Dialogfeld Tonwertkorrektur immer „an den Berg heran"! In der Abb. links soll der Regler C von rechts nach links, bis „an den Berg" herangezogen werden. Regler A bleibt da wo er steht.
Regler C nach links ziehen = heller
Regler A nach rechts ziehen = dunkler
Mit dieser Vorgehensweise stellen Sie sicher, dass der Bildkontrast erhalten bleibt und das Bild nicht zu hell oder zu fahl bzw. zu dunkel wirkt.

● **Menü-Pfad**
Bearbeiten/In Profil umwandeln …

● **Vorschau**
Aktivieren Sie die Checkbox „**Vorschau**" um die Veränderungen an der Bilddatei unmittelbar anzuzeigen.

1.3 Bildbearbeitung – Farbton/Sättigung

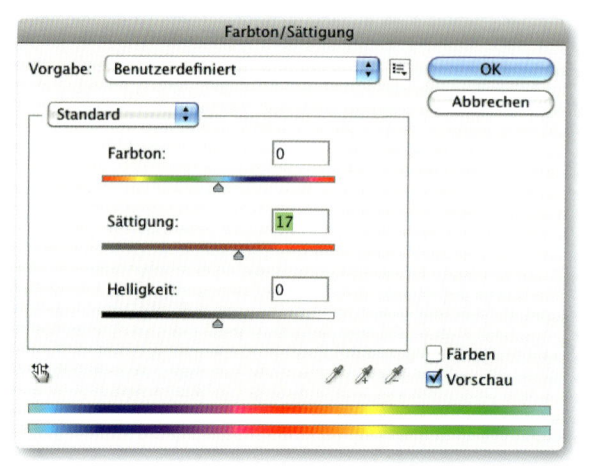

● **Menü-Pfad**
Bild/Korrekturen/
Farbton-Sättigung …

Mit dem Befehl „**Farbton/Sättigung**" können Sie den Farbton, die Sättigung und die Helligkeit eines bestimmten Farbbereichs in einem Bild anpassen oder alle Farben im Bild gleichzeitig korrigieren.

Diese Korrektur eignet sich speziell für die Feineinstellung von Farben in CMYK-Bildern, so dass diese innerhalb des Farbumfangs des jeweiligen Ausgabegeräts liegen.

1.3 Bildbearbeitung – Bildauflösung

● **Menü-Pfad**
Bild/Bildgröße …

! WICHTIG !
Die Checkbox
„Bild neu berechnen mit:"
NICHT anklicken
INTERPOLATION!

Hier ein sehr wichtiger Hinweis, auf den Sie unbedingt achten müssen!

Deaktivieren Sie als erstes die Checkbox „**Bild neu berechnen mit:**".
Nun sind alle Werte in der Kategorie „**Dokumentgröße**" miteinander verknüpft und Sie können im Feld „Auflösung" die Anforderung der Bildgröße von **356 dpi/ppi** eingeben. Breite und Höhe ändern sich dazu proportional.

1.4 Dateiformat „TIFF" abspeichern

TIFF, ein pixelorientiertes Dateiformat, gehört zu den universellen Datenformaten und ist auf nahezu allen Rechnersystemen nutzbar. Es unterstützt RGB, CMYK, LAB, Graustufen und speichert Pfade, Ebenen, Farbprofile und Alphakanäle verlustfrei mit Adobe Photoshop.

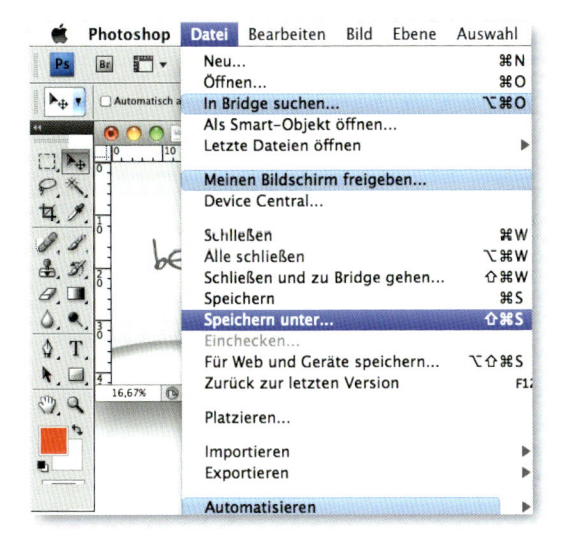

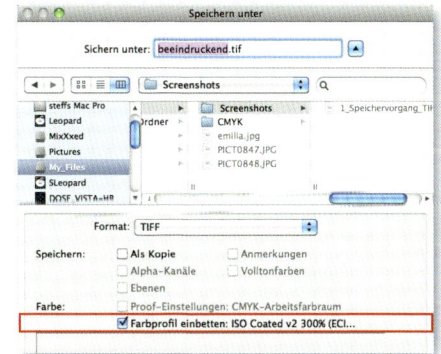

Um das verwendete Farbprofil in die Bilddatei mit einzubetten, müssen Sie nur die Checkbox **„Farbprofil einbetten: ISO Coated v2 300% (ECI ..."** aktivieren (Abb. links). Mehr ... ist das nicht.

Speichervorgang nach den Vorgaben einer Onlinedruckerei. Hier das TIFF-Optionen-Fenster.

Übernehmen Sie die in der Abb. links aufgezeigten Einstellungen und bestätigen Sie diese mit „OK".

Mit dieser kleinen „Basis-Bildbearbeitung" bekommen Sie so gut wie jedes Bild aufbereitet, OHNE dass Sie die Bildqualität verschlechtern werden.

● **Abb. 1**
Speicherdialog

● **Abb. 2**
Speicherdialog

● **Abb. 2 Checkbox**
Farbprofil einbetten!

● **Abb. 3**
Speicherdialog
... so wird das TIFF optimal abgespeichert!

● **Info**
Die meisten Desktop-Scanner können TIFF-Bilder erstellen.

2. Layout in Adobe InDesign
Produkt: DL 6-Seiter Wickelfalz quer 4/4

2.1 Kontrolle der Farbeinstellungen

● Kontrolle der Farbeinstellungen auch in den Programmen
Adobe Ilustrator,
Adobe Acrobat

● Menü-Pfad
Bearbeiten/
Farbeinstellungen …

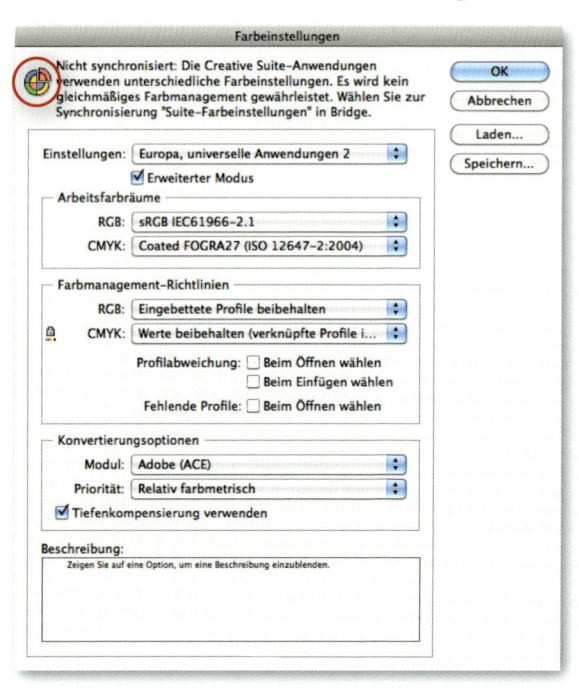

Leider ist es möglich, dass trotz der CS-Farbeinstellung über das Programm Adobe Bridge in Adobe InDesign die gespeicherten Voreinstellungen nicht übernommen werden.

Aus diesem Grund müssen die **Farbeinstellungen nochmals in InDesign kontrolliert** und gegebenenfalls angepasst werden.

● Farbeinstellungen
Die „Torte" muss vollständig „rund" sein!

Nach der Anpassung muss die „Torte", oben links (Abb. unten) in den Farbeinstellungen, vollständig angezeigt werden. Denn nur so stellen Sie sicher, dass alle Adobe CS4 Anwendungen, mit dieser Farbeinstellung auch arbeiten!

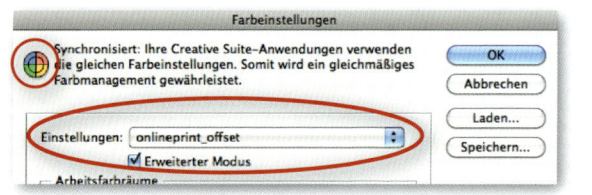

Übernehmen Sie die in der Abb. hier links aufgezeigten Einstellungen und bestätigen Sie diese mit „OK".

2.2 Neues Dokument anlegen

Öffnen Sie ein neues Dokument.
Es erscheint das „Neues Dokument"-Fenster (Abb. unten.).

Wählen Sie die gewünschte **Seitenzahl**, in unserem Beispiel „**1**" . Schalten Sie Mustertextrahmen und Doppelseite aus. Wählen Sie die **Ausrichtung** (Querformat) und das **Seitenformat** (Datenformat).
In unserem Fall bleiben Spaltenanzahl und Stegbreite wie vorgegeben.
Unter „**Ränder**" legen Sie einen „**Sicherheitsabstand**" von 4mm vom Datenformatrand rundherum an.

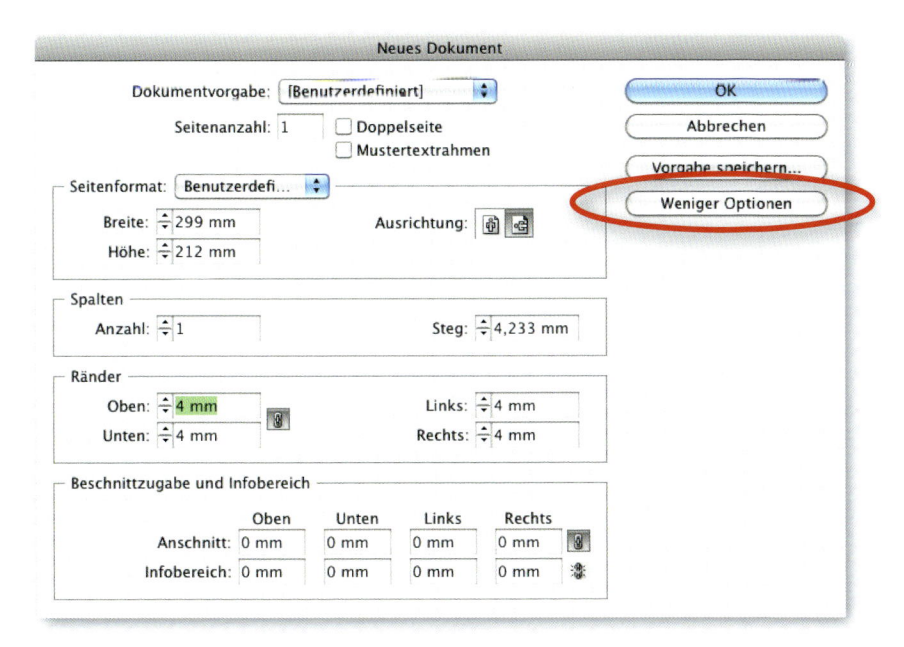

Mit den Buttons „**Mehr Optionen**" beziehungsweise „**Weniger Optionen**" aktivieren und deaktivieren Sie den Bereich **Beschnittzugabe und Infobereich**.
Für die **Dokument-Vorderseite** des „DL 6-Seiter Wickelfalz" haben Sie nun bereits alle in diesem Optionsfenster notwendigen Schritte gemacht. Klicken Sie nun auf „OK".

Wenn Sie mit der Zeit in InDesign sicherer werden, können Sie selbstverständlich an den Einstellungen herumprobieren. Nur für unser Dokument „DIN Lang 6-Seiter Wickelfalz" machen Sie es hier bitte erst einmal so.

● **Menü-Pfad:**
Datei/Neu/Dokument …

● **Seitenzahl: 1**
1 Seite (Vorderseite)

● **Seitenformat =**
Datenformat:
Breite: 299 mm
Höhe: 212 mm

● **Ränder =**
Sicherheitsabstand:
Oben; Unten;
Innen; Aussen:
jeweils 4 mm

! WICHTIG !
Innerhalb der Kategorie
„**Beschnittzugabe und Infobereich**", machen Sie bitte **KEINE** Angaben!

Folgende Angaben in den **Datenblättern** von Onlinedruckereien in Bezug auf Datenformat, Endformat und Beschnitttoleranz verwirren viele Kunden:

Das geforderte **Datenformat** in unserem Fall soll 299mm x 212mm sein, das beschnittene **Endformat** wird mit 297mm x 210mm angegeben. Und trotzdem müssen Sie rundherum ganze 4mm Sicherheitsabstand vom Datenformatrand lassen. Das soll heißen: alle Designinhalte (… dazu gehören selbstverständlich auch Schriften) die NICHT angeschnitten werden sollen, dürfen keinesfalls innerhalb dieser 4mm liegen.

Die **Beschnitttoleranz** des letztendlich an Sie gelieferten Produktes der Onlinedruckereien beträgt aber rundherum nur +/- 1mm vom Endformat. Rein rechnerisch wären es daher eigentlich nur 1mm Sicherheitsabstand, der rundherum benötigt wird.

Nach dem Anlegen des neuen Dokuments sehen Sie die hier abgebildete Ansicht.
Innerhalb des neuen Dokuments sehen Sie einen **magentafarbenen Rand**, den Sie vorher in den „Neues Dokument"- Einstellungen unter „Ränder" definiert haben.
Dieser Rahmen ist während des Layouts Ihre optische Kontrolle für den rundherum **geforderten Sicherheitsabstand** von 4mm (vom Datenformatrand). Innerhalb dieser 4mm platzieren Sie bitte nichts, das nicht angeschnitten werden soll.

● **Magentafarbener Rand**
Optische Kontrolle des Sicherheitsabstandes von 4mm zum Datenformatrand.

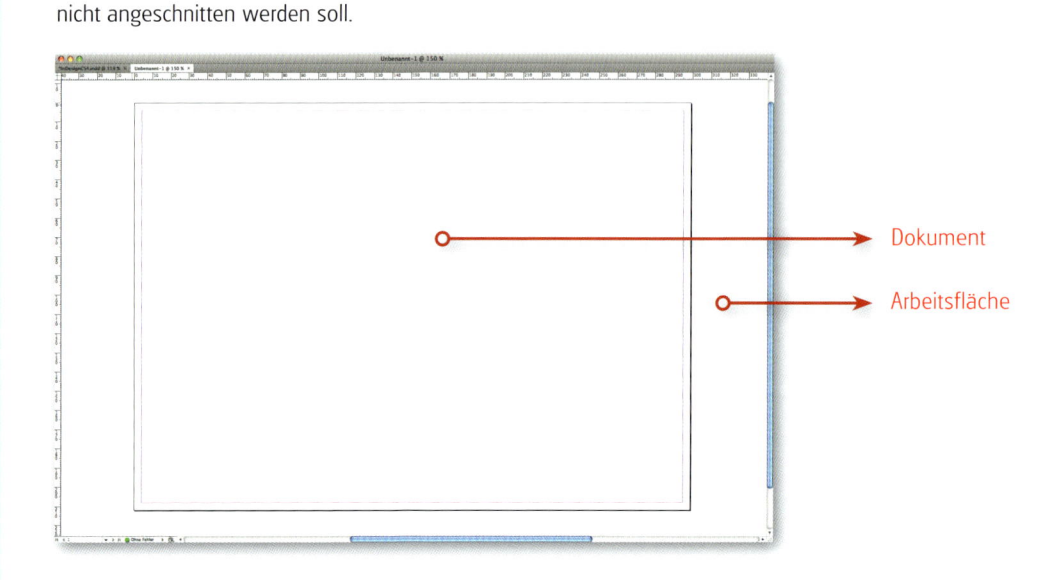

Dokument

Arbeitsfläche

Es folgt die richtige Aufteilung des Dokuments:
Für den DL 6-Seiter Wickelfalz müssen Sie nun das Dokument in drei unterschiedlich große Bereiche aufteilen, in **Titelseite, Rückseite und Einklappseite.**
Machen Sie sich für diese Aufteilung die Hilfslinienfunktion von InDesign zu nutze.

Hilfslinien platzieren

Hilfslinien werden aus den Seitenlinealen herausgezogen und auf die Seite gesetzt. Sie brauchen dazu nur mit dem Mauszeiger über bzw. **in das Seitenlineal klicken – die linke Maustaste gedrückt halten** bis das Mauszeigersymbol sich verändert. Dann mit gedrückter Maustaste in das Dokument hineinziehen und über dem Dokument fallenlassen bzw. loslassen.

Folgende Kriterien spielen beim **Setzen von Hilfslinien** eine Rolle.
Wenn sich beim Loslassen der Maustaste der **Cursor ausserhalb der Seite** auf der
Arbeitsfläche befindet: ▶die Hilfslinie geht über das Seitenformat hinaus.
Oder ob sich der **Cursor innerhalb der Seite** auf dem
Dokument befindet: ▶die Hilfslinie ist auf das Seitenformat beschränkt.

Unsere ersten zwei Hilfslinien werden genau auf die für die Weiterverarbeitung vorgesehenen beiden **Falzkanten** gesetzt.

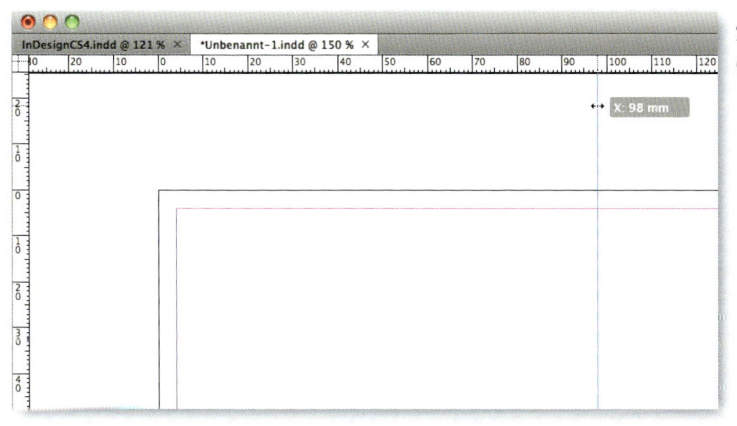

Setzen der Hilfslinie (Falzkante) Nr.1 = bei 98mm

● **Hilfslinien Vorderseite Falzkanten:**
Hilfslinie 1 = 98mm

Beide Hilfslinien
außerhalb der Seite
auf die Arbeitsfläche setzen

● **Hilfslinien Vorderseite Falzkanten:**
Hilfslinie 2 = 198mm

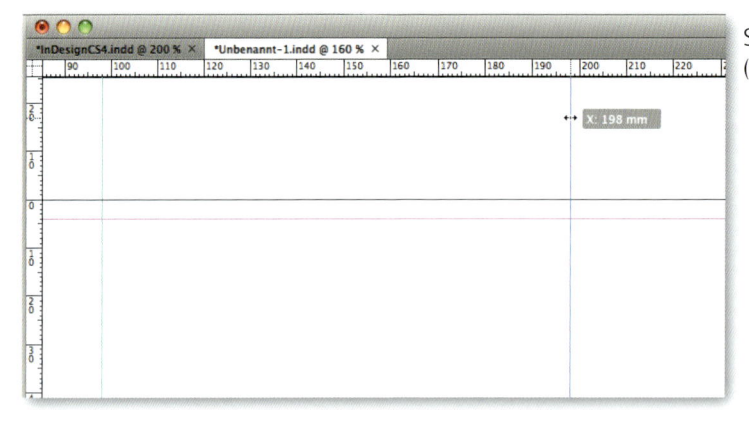

Setzen der Hilfslinie
(Falzkante) Nr.2 = bei 198mm

Um zu vermeiden, dass Text zu nahe oder sogar über den Falzkanten liegt, empfehle ich Ihnen vor und nach jeder Falzkante einen Sicherheitsabstand von jeweils 3mm. Setzen Sie nun 4 weitere Hilflinien innerhalb des Dokumentes ab.

● **Hilfslinien Vorderseite Abstand zu den Falzkanten:**
Hilfslinie 3 = 95mm
Hilfslinie 4 = 101mm

Alle vier Hilfslinien
innerhalb der Seite
auf das Dokument setzen

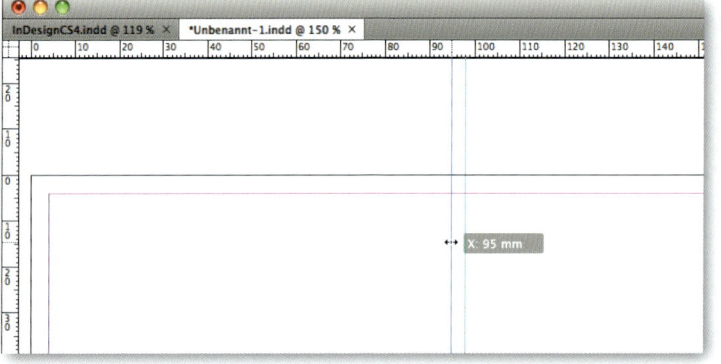

Setzen der Hilfslinie
Nr.3 = bei 95mm

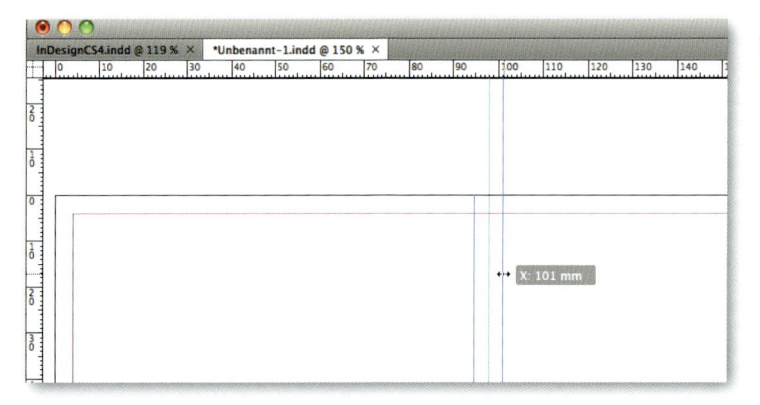

Setzen der Hilfslinie
Nr.4 = bei 101mm

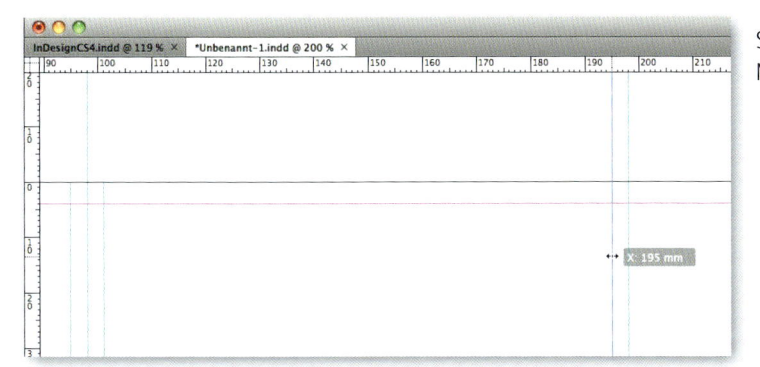

Setzen der Hilfslinie Nr.5 = bei 195mm

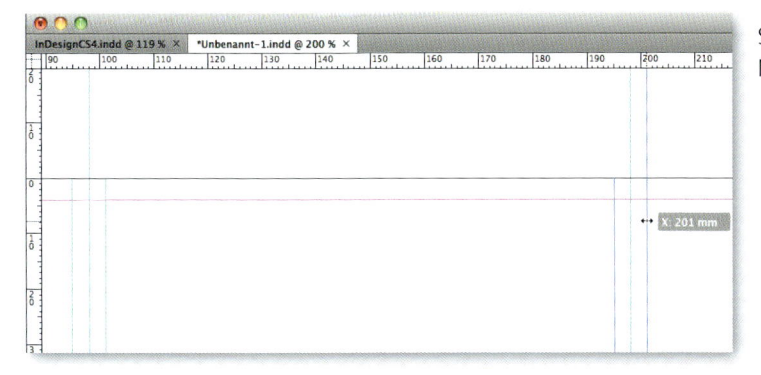

Setzen der Hilfslinie Nr.6 = bei 201mm

Die Vorderseite Ihres Dokuments ist nun fertig vorbereitet und sieht wie folgt aus:

Falzkanten = außerhalb der Seite auf der **Arbeitsfläche**

Abstand zur Falzkante für Text = innerhalb der Seite auf dem **Dokument**

● **Hilfslinien Vorderseite:**
Abstand zu den Falzkanten
Hilfslinie 5 = 195mm
Hilfslinie 6 = 201mm

● **Hilfslinien in der Abb.**
Ausserhalb der Seite = Falzlinien
Innerhalb der Seite = Hilfslinien für den Sicherheitsabstand zur Falzkante

● **Hilfslinien im Beispiel**
Sie können sich auch einen bestimmten Wert „errechnen" lassen

Sie können auch das „Bezugspunktwerkzeug" nutzen, um die genaue Position der Hilfslinien zu bestimmen.

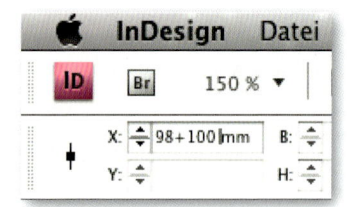

Nachdem Sie eine Hilfslinie aus dem Seitenlineal herausgezogen haben geben Sie ganz einfach die gewünschte Position (numerischer Wert) ein, und bestätigen mit „ENTER".
Achten Sie unbedingt darauf, dass die Hilfslinie **markiert** bzw. **aktiv** ist.

● **Menü-Pfad**
Fenster/
Seiten …

Die Vorderseite haben wir jetzt. Nun brauchen wir aber noch eine **Rückseite** (Innenseite).
Für das Anlegen der zweiten Seite, können wir uns aus dem Seitenfenster „**A-Mustervorlage**" bedienen.

Im oberen Teil des Fensters ist die Seitenvorlage „**[Ohne]**" und die „**A-Mustervorlage**" zu sehen. In dem Hauptteil darunter sind alle Seiten des aktuellen Dokuments angezeigt. In der Abbildung links ist die Seite „**1**" markiert. Das heißt, diese Seite wird gerade angezeigt und bearbeitet.

Mit einem Doppelklick auf ein Seitensymbol springen Sie im aktuellen Dokument auf diese Seite.

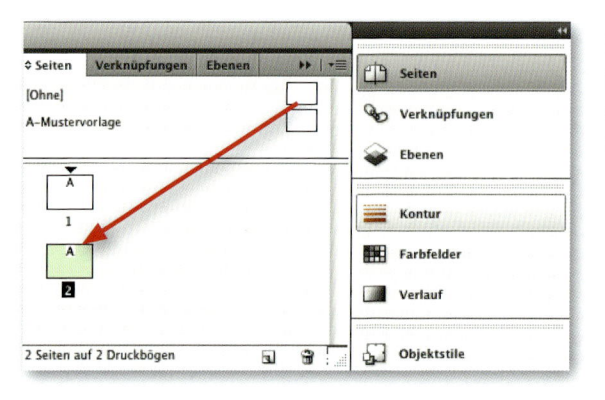

Zum Erzeugen einer neuen einzelnen Seite können Sie das Symbol der Mustervorlage an die gewünschte Position ziehen.

Die Hilfslinien müssen Sie erneut auf Seite „2" setzen. Vermeiden Sie den Fehler vieler Kunden, die Werte der Hilfslinien der Seite „1" genau so zu übernehmen bzw. zu setzen!
Die Werte für die Seite „2" finden Sie in der rechten Spalte).
Nachdem Sie die Hilflinien für Seite „2" gesetzt haben, machen Sie einen Doppelklick im Seitenfenster auf die Seite „1", um mit dem Einfügen von Inhalten auf Seite „1" weiter fortzufahren.

Ich empfehle Ihnen an dieser Stelle, Ihr Dokument zu speichern und einen Namen zu vergeben.

2.3 Platzieren von Inhalten

InDesign ist ein rahmenorientiertes Layoutprogramm. Es gibt in InDesign drei grundlegende Rahmentypen.
      Bild: Rahmen kann ein Bild aufnehmen
      Text: Rahmen kann Text aufnehmen
      Nichts zugewiesen: Rahmen kann keinen Inhalt aufnehmen

Zum Aufziehen eines neuen Rahmens wählen Sie das Rechteckrahmen-Werkzeug in der Werkzeugleiste (hier horizontal dargestellt) und ziehen Sie den Rahmen für die Titelseite auf.

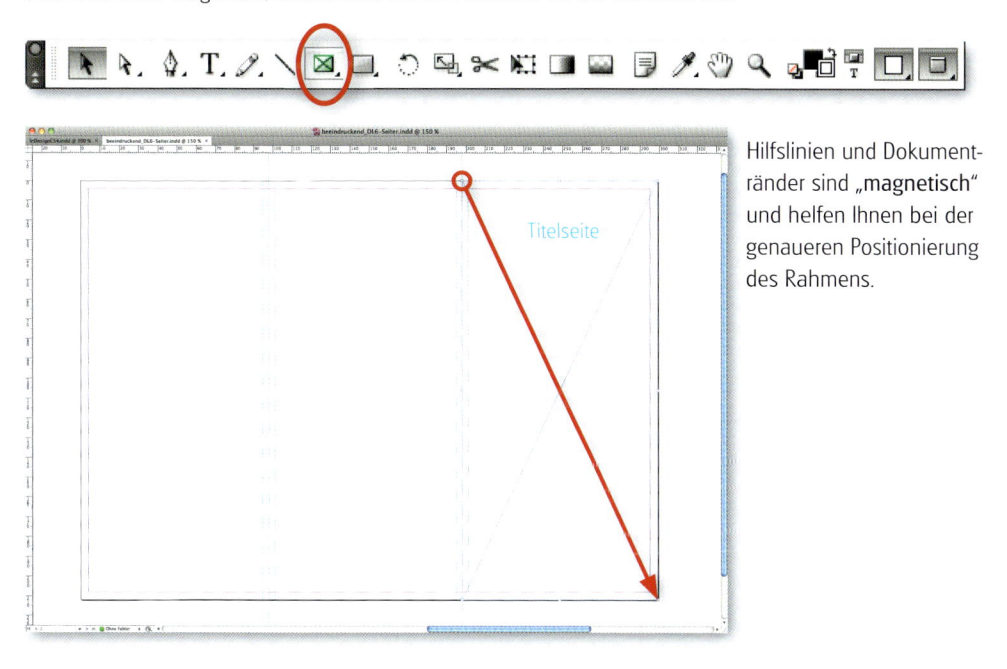

Hilfslinien und Dokumenträndern sind „**magnetisch**" und helfen Ihnen bei der genaueren Positionierung des Rahmens.

Übrigens:
Halten Sie beim Aufziehen des Rahmens die [alt]-Taste gedrückt, wird der Rahmen von seinem Mittelpunkt aufgezogen (nicht von dem Eckpunkt).
Halten Sie beim Aufziehen des Rahmens die [shift]-Taste gedrückt, wird je nach Rahmenform ein Kreis, ein Quadrat oder ein gleichseitiges Polygon erzeugt.

● **Hilfslinien Rückseite Falzkanten**
Hilfslinie 1 = 101mm
Hilfslinie 2 = 201mm

Beide Hilfslinien
außerhalb der Seite
auf die Arbeitsfläche setzen

● **Hilfslinien Rückseite Abstand zu den Falzkanten**
Hilfslinie 3 = 98mm
Hilfslinie 4 = 104mm

Hilfslinie 5 = 198mm
Hilfslinie 4 = 204mm

Alle 4 Hilfslinien
innerhalb der Seite
auf das Dokument setzen

● **Menü-Pfad**
Datei/Speichern unter …

● **Rahmentypen**
Nach Inhalt

● **Menü-Pfad**
Objekt/Inhalt/Bild
Objekt/Inhalt/Text

● **Rechteckrahmen Titelseite**
Von der Falzkante randabfallend zum unteren rechten Dokumentenrand (Kante).

● **Menü-Pfad**
Datei/Platzieren …

● **Rahmen oder Bild anpassen**
Weitere spezielle Funktionen dazu finden Sie unter..

● **Menü-Pfad**
Objekt/Anpassen …

● **Mac Tasten**
statt [strg]
wählen Sie die Taste [cmd]

Es gibt zum Platzieren von Bildern grundsätzlich zwei Methoden

1. Das Platzieren eines Bildes in einen vorhandenen Rahmen:
Dazu ziehen Sie einen Bildrahmen auf und achten darauf, dass dieser aktiviert ist. Dann wählen Sie über den Menüdialog „**Platzieren**". In dem dann geöffneten Dialogfenster suchen Sie sich Ihr Bild aus und bestätigen mit „**Öffnen**", womit das Bild in den aktivierten Bildrahmen geladen wird. Das Bild hat nun mit großer Wahrscheinlichkeit eine falsche Größe. Sie müssen es noch beschneiden und skalieren.

2. Das Platzieren eines Bildes ohne bereits vorhandenen Bildrahmen:
Stellen Sie sicher, dass kein Rahmen aktiviert ist. Wählen Sie danach über den Menüdialog „**Platzieren**". In dem dann geöffneten Dialogfenster suchen Sie sich Ihr Bild aus und bestätigen mit „**Öffnen**". Sie sehen nun den **Platziercursor** (ein Pinsel mit einem Winkel oben links und einer verkleinerten Vorschau des ausgewählten Bildes). Mit diesem Platziercursor klicken Sie nun an die gewünschte Stelle, an der das Bild mit seiner linken oberen Ecke platziert werden soll. Das Bild inklusive dem Bildrahmen erscheint. Der Bildrahmen hat genau die Größe des platzierten Bildes. Das Bild muss eventuell noch beschnitten, skaliert und an seine endgültige Position gebracht werden.

Um ein Bild zu **beschneiden**, also einen Ausschnitt festzulegen, aktiviert man es mit dem **Auswahlwerkzeug** (schwarzer Pfeil). Nun sehen Sie die 8 Anfasser-Punkte am Bildrahmen.

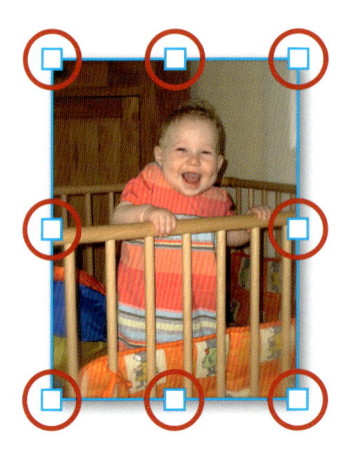

Sie können jetzt einen oder mehrere dieser Punkte bewegen, um den Bildrahmen zu verkleinern.
Dadurch wählen Sie den gewünschten sichtbaren Bildausschnitt.

Ähnlich funktioniert auch das **Skalieren** eines Bildes. Aktivieren Sie das Bild mit dem Auswahlwerkzeug. Nun drücken und halten Sie die Tasten [strg] + [shift], während Sie mit dem Auswahlwerkzeug an einem der 8 Anfasser-Punkte des Bildrahmens ziehen.
Dabei bewirkt [strg], dass nicht nur der Bildrahmen, sondern der Bildrahmen **und sein Inhalt gleichzeitig** skaliert werden. [shift] bewirkt den **Erhalt der Proportionen** (Breite zu Höhe).

Nun zum **Direktauswahl-Werkzeug**

Während das Auswahlwerkzeug (schwarzer Pfeil) verwendet wird, wenn ein Objekt als Ganzes oder eine übergeordnete Struktur verändert werden soll, können Sie mit dem **Direktauswahl-Werkzeug** (weißer Pfeil) immer ein Detail eines Objektes oder ein untergeordnetes Element bearbeiten.

● **Weißer Pfeil**
Rahmen**inhalt** bearbeiten

Mit dem **Direktauswahl-Werkzeug** lässt sich das Bild selbst innerhalb eines Bildrahmens bearbeiten. Wählen Sie das Bild mit dem Direktauswahl-Werkzeug aus, wird ein brauner Rahmen mit 8 Anfasser-Punkten sichtbar. Im abgebildeten Beispiel (die Giraffe Alfred unten links) ist der braune Rahmen viel größer als der Bildrahmen. Er zeigt die eigentliche Größe des Bildes. Sichtbar ist aber nur der Bildausschnitt, der sich innerhalb des Bildrahmens befindet.

● **Rahmen oder Bild anpassen**
Weitere spezielle Funktionen dazu finden Sie unter …
● **Menü-Pfad**
Objekt/Anpassen …

Nun können Sie einen der 8 Anfasser-Punkte verwenden, um das Bild selbst zu skalieren. Um die Proportionen des Bildes zu wahren und es nicht zu verzerren, sollte [shift] gedrückt und gehalten werden. Wenn Sie einen anderen Bildausschnitt festlegen wollen, klicken Sie mit dem Direktauswahl-Werkzeug in das Innere des braunen Rahmens und **halten Sie die Maustaste einen kleinen Moment gedrückt.** Dadurch wird der Rest des Bildes außerhalb des Bildrahmens sichtbar. Im abgebildeten Beispiel (die Giraffe Alfred oben im Bild rechts). Es ist jetzt möglich, das Bild im Bildrahmen zu verschieben, um einen anderen sichtbaren Ausschnitt zu wählen.

● **Menü-Pfad**
Fenster/Farbfelder

Anlegen von **Farbfeldern**

Es gibt in InDesign verschiedene Wege, mit Farbe zu arbeiten. Zu Gunsten der Einfachheit und Übersichtlichkeit ist es aber empfehlenswert, nur mit dem Fenster Farbfelder zu arbeiten. Da dort bereits einige Farben vorhanden sind, können Sie diese zum Einfärben der Seitenelemente verwenden.

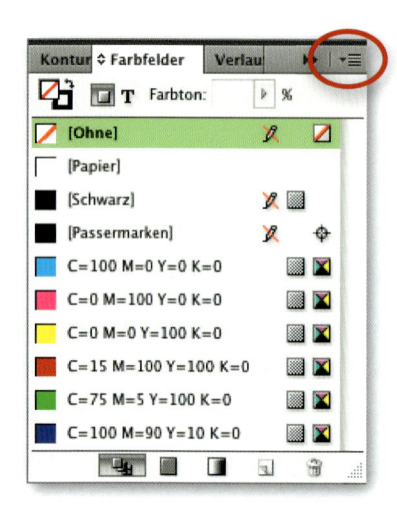

Die Farbe [Ohne] ist verschieden von der Farbe [Papier]. Während Elemente mit der Farbe [Ohne] nicht sichtbar sind, verdecken Elemente mit der Farbe [Papier] dahinterliegende Elemente. Sofern später auf weißem Papier gedruckt wird, entspricht [Papier] der Farbe Weiß.

Seitenelemente der Farbe [Passermarken] sind in allen Farbauszügen vorhanden, auch in den Vollton-Farbauszügen.

Natürlich ist es möglich, dass die vorhandenen Farben nicht für Ihren Zweck geeignet sind. Zum Anlegen einer neuen Farbe ist es am Besten, Sie wählen im **Kontextmenü** des Farbfelder-Fensters (Abb. oben roter Kreis) den Befehl [Neues Farbfeld …]. Wählen Sie den benötigten **Farbtyp** und **Farbmodus** und legen Sie eine gewünschte Farbe fest.

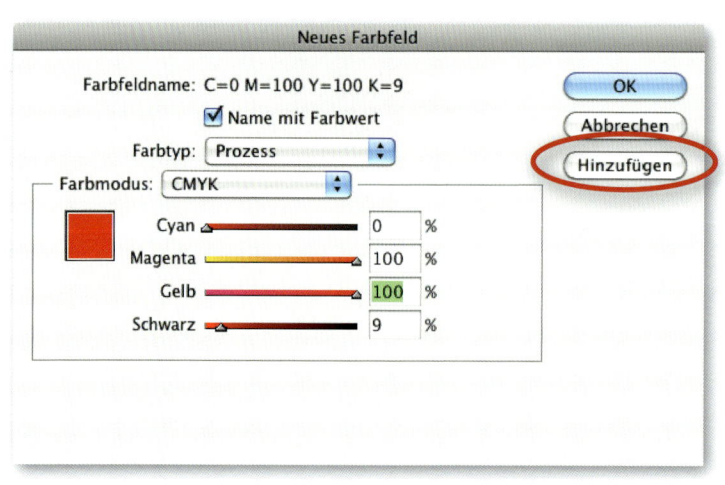

● **Mehrere Farben definieren**
Nachdem Sie eine Farbe erstellt haben, klicken Sie jeweils den Button **Hinzufügen**.

Mit **Text** arbeiten

Um zum Beispiel einen Platzhaltertext (Blindtext), in einen Textrahmen einfließen zu lassen, platzieren Sie die Texteinfügemarke an die gewünschte Stelle im Textrahmen.
Gehen Sie nun über den Menüdialog [Mit Platzhaltertext füllen]. Der Textrahmen wird nun vollständig mit Platzthaltertext gefüllt.

InDesign unterscheidet bei der Formatierung von Text nach **absatz**- und **zeichen**orientierter Formatierung. Um Text zu formatieren ist es erforderlich, ihn vorher zu **markieren** beziehungsweise auszuwählen. Wenn **absatzorientierte Formatierungen** an einem Absatz vorgenommen werden sollen, genügt es die Einfügemarke irgendwo in den betreffenden Absatz zu stellen. Änderungen der zeichenorientierten Formatierung wirken sich lediglich auf den markierten Text aus.

Um Text und Bild miteinander in Verbindung zu bringen, stelle ich hier kurz das **Umfließen** vor.
Sehr häufig soll ein Bild von einem Text umflossen werden. Damit der Text das Bild umfließt, aktivieren Sie das Bild mit dem Auswahlwerkzeug und weisen ihm dann in dem Fenster **Konturenführung** die Funktion „Konturenführung um Begrenzungsrahmen" zu.

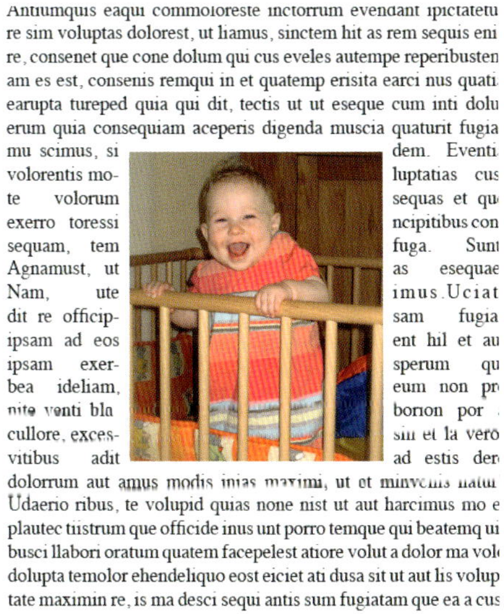

Im Fenster Konturenführung können die Abstände, in denen der Text das Bild umfließen soll, für alle vier Seiten (auch unterschiedlich) eingestellt werden.

● **Menü-Pfad**
Schrift/Mit Platzhaltertext füllen ...

● **Menü-Pfad**
Fenster/Schrift und Tabellen/Zeichen ...

● **Menü-Pfad**
Fenster/Konturenführung ...

● Layout
Funktionen selber anwenden!

Nun zurück zu unserem Dokument

In dieser Abbildung (Beispiel-Vorlage) wurden einige der vorher erklärten Funktionalitäten angewendet und **alle Rahmen sind zur Darstellung aktiv** (8 Anfasser-Punkte der Rahmen sind sichtbar):
- · Randabfallender Bildrahmen (Titelseite)
- · Randabfallender Bildrahmen (Hintergrundbild), Deckkraft 17%
- · Textrahmen mit Platzhaltertext (inklusive Formatierungen)
- · Text- und Bildintegration
- · Rahmen gefüllt mit „Farbe" **(Papier)** (Titelseite), Deckkraft 70%
- · Farbiger Text

● Layout
Beispiel-Vorlage Vorderseite

● Layout
Effekte selber anwenden!

InDesign macht beim Layouten „auch beim ersten Kontakt" immer „Lust auf mehr".
Auf den folgenden Seiten sind drei, wirklich ganz simple **„Effekte"** aufgezeigt. In Kombination ergeben sie eine schon recht ansehnliche, für viele Themen völlig ausreichende Layoutstruktur.

Vorher aber noch eine kurze Erläuterung zum **„Anordnen von Objekten"**.

Anordnen von Objekten

In unserem Layout überlappen sich mehrere Rahmen. Die ältesten liegen hinten und die zuletzt erzeugten vorne. Ausgewählte Rahmen lassen sich weiter nach hinten oder vorne bringen.
Das funktioniert entweder über den **Menüdialog** oder durch Anklicken der **rechten Maustaste** im Kontextmenü [Anordnen …].

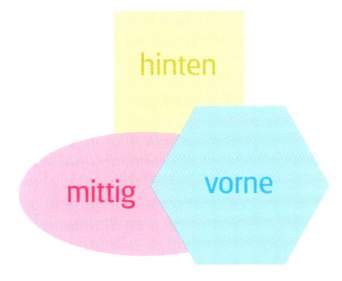

● **Menü-Pfad**
Objekt/Anordnen …

Effekte anwenden

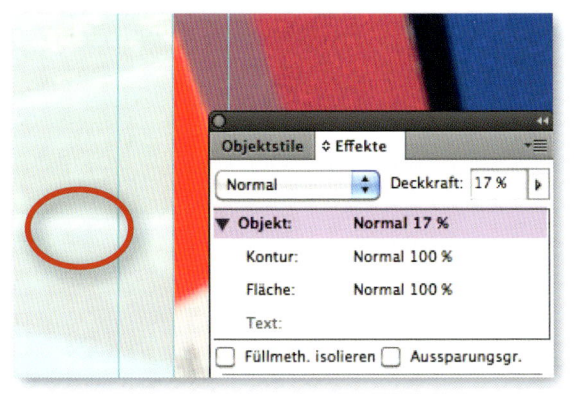

Randabfallender aktivierter Bildrahmen **(Hintergrundbild)**, Deckkraft 17%. Über diesen Bildrahmen setzen wir noch Text, der auch „**lesbar**" sein soll. Bedenken Sie dies bei Anwendung des Effektes „**Deckkraft**".

● **Menü-Pfad**
Fenster/Effekte/Deckkraft …

Die „weiße" Fläche VOR dem Titelbild und HINTER dem Text (Abb. links), ist ein mit der „Farbe" **[Papier]** gefüllter Rahmen. Deckkraft **70%**.

● **Menü-Pfad**
Fenster/Farbfelder/[Papier]

● **Menü-Pfad**
Fenster/Effekte/Deckkraft …

● **Kontextmenü**
Rechtsklick/Effekte/
[Schlagschatten …]

Klicken Sie mit der **rechten Maustaste** auf das Objekt, das einen Schlagschatten erhalten soll und wählen Sie im Kontextmenü den Befehl [Schlagschatten …].

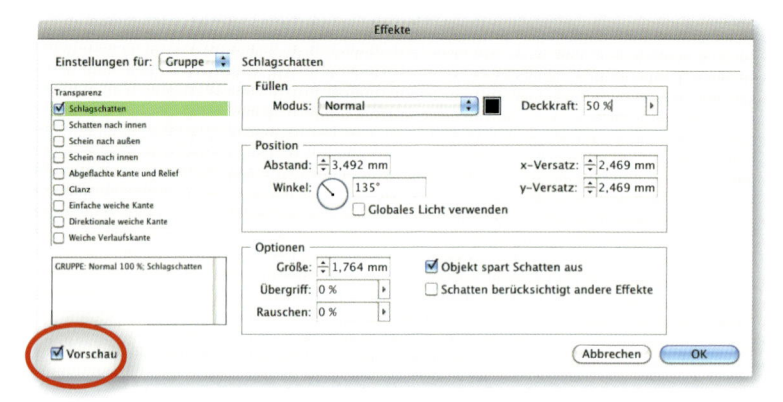

Wählen Sie „**Modus**" Normal und „**Deckkraft**" zum Beispiel 50%. Über die Checkbox „**Vorschau**" sehen Sie eine „Voransicht" des angewendeten Effekts, hier können Sie Einstellungen gegebenenfalls vorab noch ändern. Nun bestätigen Sie mit „OK".

● **Menü-Pfad**
Objekt/Eckenoptionen …

● **Info**
Der vorher angewendete Effekt [Schlagschatten] passt sich automatisch an den ausgewählten „Eckeneffekt" an

● **Vorschau**
Voransicht des Effekts.

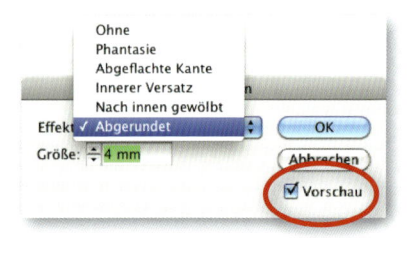

Um die Ecken von Rahmen anzupassen, aktivieren Sie den gewünschten Rahmen mit dem Auswahlwerkzeug (schwarzer Pfeil) und über den **Menüdialog Objekt** die Option „Eckenoptionen".

Jetzt färben wir, wie bereits in der Beispiel-Vorlage angewendet, noch Text ein. Das ist zwar kein „echter Effekt", soll aber dennoch hier etwas erläutert werden.
Um **Text einzufärben** müssen Sie diesen vorher mit dem **Textwerkzeug** (Textcursor) **markieren**.

Nun wählen Sie über das Seitenfenster „**Farbfelder**" eine gewünschte Farbe aus. Denken Sie daran, dass Sie auch ein „**neues Farbfeld**" anlegen können.
Achtung! Achten Sie darauf, dass im Seitenfenster „**Farbfelder**", links neben „**Farbton**", das Werkzeug „**Fläche-Symbol**" im Vordergrund steht.

Eine andere Möglichkeit Text einzufärben besteht über das „**Pipette-Werkzeug**".
Wie in der oberen Abbildung angezeigt, muss der Text dazu **markiert** (ausgewählt) sein. Nun wählen Sie das „**Pipette-Werkzeug**" über die „**Werkzeuge**" (Werkzeugleiste; hier horizontal dargestellt) aus.

Der Cursor wird zu einem „**Pipetten-Symbol**", mit dem Sie auf eine gewünschte Farbe in Ihrem Dokument (zum Beispiel in Bildern) klicken. Der vorher markierte Text färbt sich sofort in der mit der Pipette aufgenommenen Farbe ein.

So können Sie mit der Pipette auch **andere Flächen** in Ihrem Dokument einfärben.

● **Fläche-Symbol**
Muss im Vordergrund stehen!

● **Werkzeuge**
„Pipette-Werkzeug"

• **Funktionen selber anwenden**

Die auf den vorherigen Seiten erläuterten Funktionen können Sie nun nach Belieben auf die zweite Seite (Rückseite, Innenseite) des bereits angelegten Dokuments anwenden.

Hier in der Abbildung eine simple **Beispiellösung**.

• **Layout**
Beispiel-Vorlage Rückseite

• **Kontextmenü**
Anzeigeleistung/Anzeige mit hoher Qualität …

INFO

Wenn Sie Ihre Inhalte bzw. Bilder in das Dokument platzieren, lädt InDesign diese Daten in „**grober Ansicht**" in das Dokument. Später, beim Exportvorgang, werden jedoch die „**Feindaten**" in das PDF geschrieben (kopiert). Wenn Sie diese grobe Voransicht stören sollte, können Sie dies über das Kontextmenü (rechter Mausklick) [Anzeigeleistung] ändern.

2.4 Vorbereitungen für den PDF/X-Export
Bevor wir zum eigentlichen PDF/X-Export kommen hier noch zwei „kleine", aber sehr wichtige Schritte (Vorbereitungen).

Das „Verpacken ..."

Die Funktion „**Verpacken**" erstellt ein „Paket" mit allen in Ihrem Dokument verwendeten Daten (Schriften, Bilder usw). Es wird automatisch ein **Verzeichnis mit Unterverzeichnissen** erstellt, welches alle im Dokument verwendeten Daten enthält.
Die Funktion [Verpacken ...] starten Sie über den **InDesign-Menüdialog**. Es wird zunächst die Preflight-Funktion durchgeführt um das Dokument auf Probleme oder Fehler hin zu überprüfen. Wird der Preflight fündig, werden Sie mit einem „gelben Dreieck mit Ausrufezeichen" inklusive der Beschreibung der Fehler/Probleme „gewarnt".

Hier im Beispiel werden 62 Bilder, die den **RGB-Farbraum** verwenden, „angemeckert".

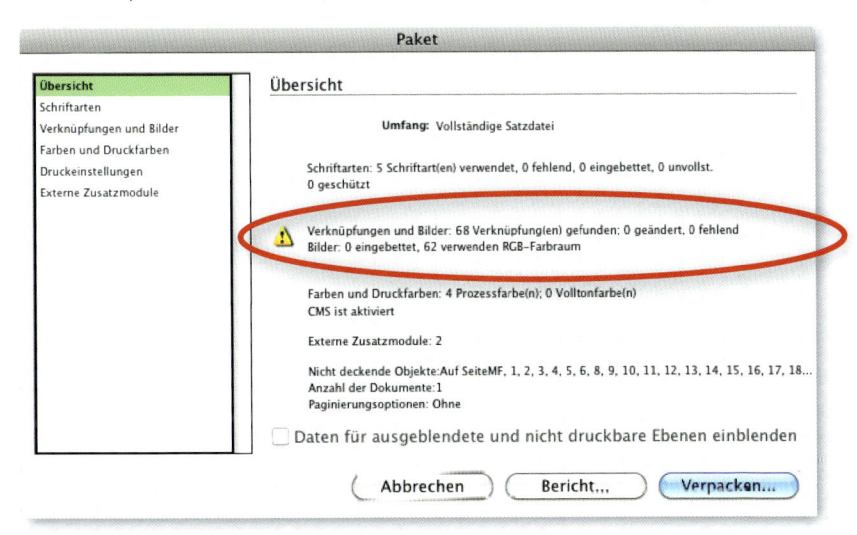

● **Funktion Verpacken**
Datei/Verpacken ...

● **Preflight**
Warnmeldungen sollten Sie immer ernst nehmen und Fehler korrigieren! Bei der Warnmeldung (Abb. links) gehen Sie bitte vor, wie zu Beginn dieses Kapitels unter „Bildbearbeitung mit Photoshop" beschrieben.

Nachdem Sie den Button „**Verpacken**" geklickt haben, öffnet sich der Dialog „**Anleitungen**". Sie haben dort die Möglichkeit, Ihre **Kontaktdaten** und eine **kurze Anleitung** für den weiteren Umgang mit den Daten einzugeben. Diese Anleitung ist zum Beispiel für den Empfänger Ihrer Daten bestimmt.

Danach kommen Sie zu dem auf der nächsten Seite abgebildeten Hauptdialog.

● **Anleitungen**
Diese brauchen Sie nicht ausfüllen.

● **Hauptdialog**
Speicherort für den „Verpackungsordner" wählen.

● **Speicherort**
Wählen Sie einen Speicherort, zum Beispiel auf Ihrem USB-Stick, aus.

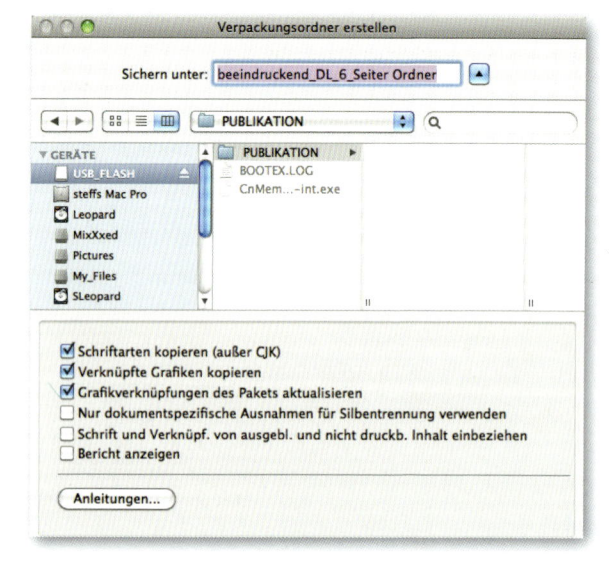

Wählen Sie nun **Namen** und **Speicherort** des Verzeichnisses, in das gespeichert werden soll.

Es wird von InDesign grundlegend der Dokumentname, **plus** die Bezeichnung „**Ordner**" als Zusatz vorgeschlagen.

Bei der **Weitergabe von Schriften** sind unbedingt die **urheberrechtlichen Aspekte** zu beachten.

Die Checkboxen „**Verknüpfte Grafiken kopieren**" und „**Grafikverknüpfungen des Pakets aktualisieren**" müssen aktiviert sein.

Die Checkbox „**Verknüpfte Grafiken kopieren**" stellt sicher, dass alle verwendeten Bilder von ihrem **momentanen Standort** (Dateipfad auf der Festplatte …) an den **ausgewählten Speicherort** kopiert werden (Originale werden an ihrem Platz auf der Festplatte belassen).

Die Checkbox „**Grafikverknüpfungen des Pakets aktualisieren**" bedeutet, dass im nachhinein „veränderte Bilder" (die entweder nachbearbeitet oder ausgetauscht wurden) **neu verknüpft** werden.

Die unteren restlichen drei Checkboxen im Fenster lassen Sie bitte deaktiviert.

● **Praktisch**
Nach dem Sichern haben Sie alle verwendeten Daten, in einem „Verzeichnis" (Ordner mit Unterordnern).

Nachdem Sie Ihr Dokument inklusive Daten gesichert haben folgt der **zweite Schritt**.

Gerade **im Onlinedruck** ist es wichtig, dass die im Dokument verwendeten **Schriften** in **Pfade** beziehungsweise in **Kurven** konvertiert werden. Das stellt sicher, dass keine Umlaute „**fehlinterpretiert**" oder eine vielleicht fehlerhafte Schrift komplett „**zerschossen**" wird.

InDesign bietet eine wunderbar einfache Möglichkeit, dies zu bewerkstelligen.
Wählen Sie in der **Werkzeugleiste** das **Textwerkzeug** aus und klicken Sie mit dem **Textcursor** nacheinander in die jeweiligen **Textrahmen**. Drücken Sie die Tasten [strg] + [A]. Der ganze Inhalt des Textrahmens ist nun **ausgewählt** (markiert).
Wählen Sie nun über den **Menüdialog Schrift** [In Pfade umwandeln ...].

Wundern Sie sich nicht über die eventuell. darauffolgende Ansicht der in Pfade konvertierten Schriften
(siehe Abbildung hier links).

● **Menü-Pfad:**
Schrift/In Pfade umwandeln ...

ACHTUNG!
Auf Vorderseite und Rückseite die Schriften In Pfade umwandeln!

INFO

Wenn die Schriften in Pfade konvertiert wurden ist es **NICHT mehr möglich**, diese zu editieren (das heißt, nachträgliches Ändern von z. B. Umbruch, Textausrichtung und so weiter ist nun nicht mehr möglich). Dieser Vorgang **vektorisiert** die Schriften. Deshalb führen Sie diesen Schritt bitte **erst nach dem Verpackungsvorgang** durch.

● **PDF/X-3 2002 Vorgaben**
Haben sich In Adobe InDesign erfahrungsgemäß bewährt.

● **PDF/X-3 2002 Vorgaben**
Wir empfehlen hier, von den Standardeinstellungen „leicht abzuweichen".

● **PDF anzeigen**
Das exportierte PDF wird nach dem Export von uns noch kontrolliert.

2.5 Der PDF/X-Export

Die folgenden Abbildungen der PDF/X-3 2002 Export-Vorgaben haben sich bewährt. Dieser Standard ist natürlich auch in anderen Layoutprogrammen vertreten – aber leider ist das keine Garantie für einen „sauberen" PDF/X (-3)-Export. Hier können bestimmte Inhalte durch **„Softwarefehler"** fehlinterpretiert werden (dies hier zu erläutern würde zu weit führen). Daher erläutern wir hier auch nur den PDF/X-3 2002-Export aus InDesign.

Nun zu den eigentlichen PDF/X-3 2002-Exportvorgaben.
Um sicherzustellen, dass Sie auch die „richtigen" Einstellungen im PDF/X - Standard verwenden, werden hier die wichtigsten Optionen **„Schritt für Schritt"** erläutert.

Wählen Sie über den **Menüdialog Datei** [Adobe PDF-Vorgaben] [PDF/X-3:2002] aus, geben Sie einen **Dateinamen** und **Speicherort** für das PDF vor.

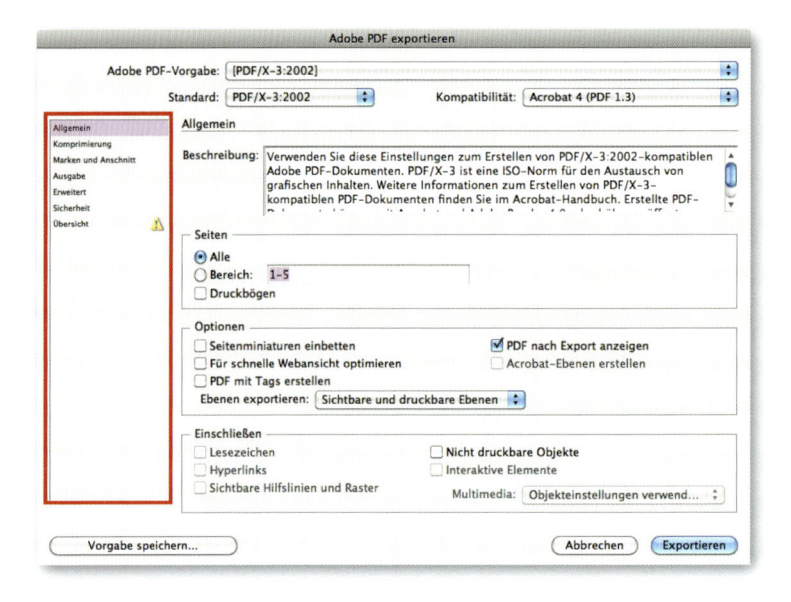

Standard: PDF/X-3:2002
Kompatibilität: Acrobat 4.0 (PDF Version 1.3)
Jede Onlinedruckerei muss letztendlich alle eingehenden Druckdaten auf einen „Gesamt-Nenner" für die Sammelform bringen. Die Anforderung, im PDF/X-3:2002 Standard die PDF Version 1.3 zu verwenden, wird von den meisten „Belichtungs-Abteilungen" (CTPs) einer Onlinedruckerei gefordert und hängt im Grunde ausschließlich mit dem internen PDF-Workflow zusammen.
Kategorie Allgemein: Seiten: Alle (VS und RS) (2-Seitiges PDF-Dokument)
Optionen: Checkbox „PDF nach Export anzeigen" aktivieren

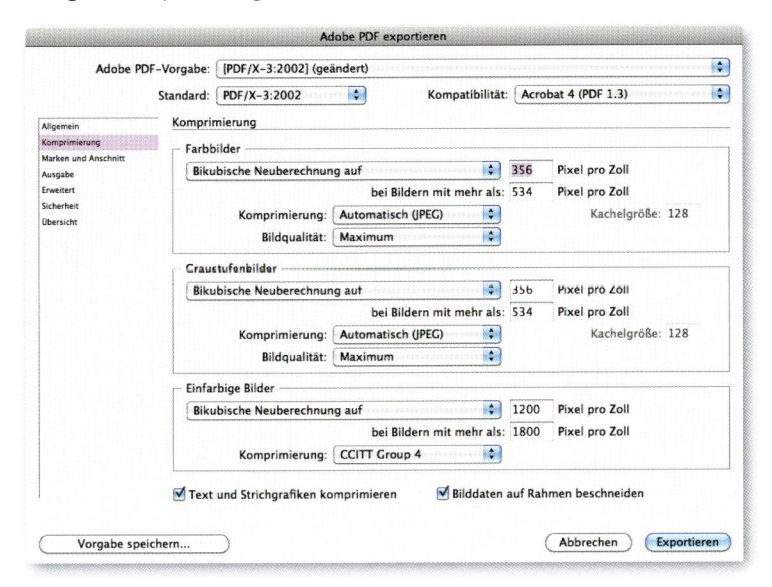

Für unseren **Offsetdruck** (70er Raster) verwenden Sie bitte diese Einstellungen in der **Kategorie Komprimierung**:

Farbbilder: Bikubische Neuberechnung auf 356 Pixel pro Zoll (dpi)
Die Standardeinstellung von 300 dpi ist für das 60er Raster! Eine Onlinedruckerei druckt meist in „höherer" Qualität, im 70er Raster, deshalb passen Sie hier den Wert **auf 356 dpi an**.
Graustufenbilder: Bikubische Neuberechnung auf 356 Pixel pro Zoll (dpi)
Einfarbige Bilder: So belassen
Text und Strichgrafiken komprimieren: Checkbox aktiviert
Bilddaten auf Rahmen beschneiden: Checkbox aktiviert

● **Komprimierung**
Passen Sie die Auflösung IMMER dem von der Druckerei verwendeten Druckraster an!

INFO
Achten Sie beim Umrechnen der Auflösung auf folgendes Problem: Sie bereiten zum Beispiel in Photoshop Ihre Bilddaten (ohne Interpolation) in **600 dpi** auf, um diese dann wieder aus InDesign auf 300 dpi „runterzurechnen" – gedruckt wird aber im **70er** Raster. Ihr Qualitätsverlust beträgt nun rund 56 dpi. Wenn Sie jetzt noch **JPEGs** in Ihrem Dokument verwenden (diese Bilder wurden ja bereits mindestens einmal komprimiert abgespeichert) kann es durchaus sein, dass die Ausgabequalität sichtbar „schlechter" wird und nun nicht mehr Ihren Anforderungen entspricht.
Die ganze schöne Arbeit „für die Katz'."

● **Beschnittzugabe**
In unserem Dokument befindet sich die Beschnittzugabe bereits im Datenformat.

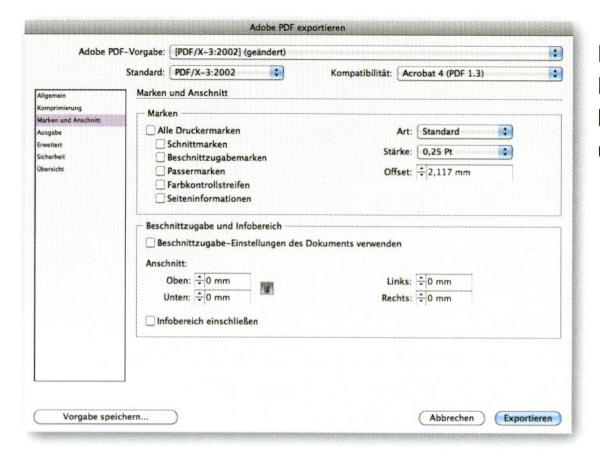

Die **Kategorie Marken und Anschnitt** belassen Sie bitte so, wie hier abgebildet. Keine „Marken", keine „Beschnittzugabe" und kein „Infobereich".

In der **Kategorie Ausgabe** verwenden Sie folgende Einstellungen:

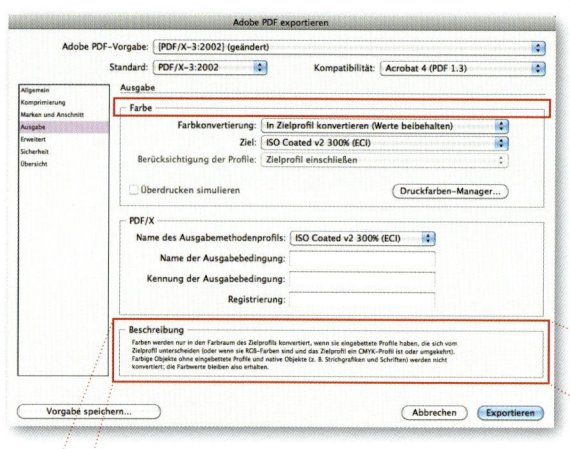

Farbe – Farbkonvertierung:
In Zielprofil konvertieren (Werte beibehalten)

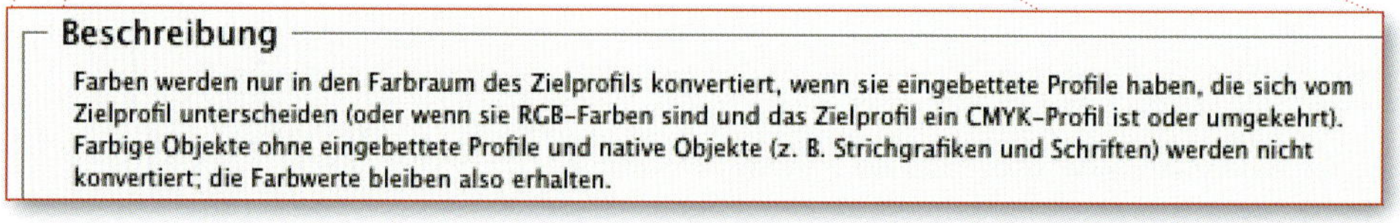

● **Beschreibung**
In diesem Feld gibt es die jeweilige Erläuterung zu den Einstellmöglichkeiten

Beschreibung

Farben werden nur in den Farbraum des Zielprofils konvertiert, wenn sie eingebettete Profile haben, die sich vom Zielprofil unterscheiden (oder wenn sie RGB-Farben sind und das Zielprofil ein CMYK-Profil ist oder umgekehrt). Farbige Objekte ohne eingebettete Profile und native Objekte (z. B. Strichgrafiken und Schriften) werden nicht konvertiert; die Farbwerte bleiben also erhalten.

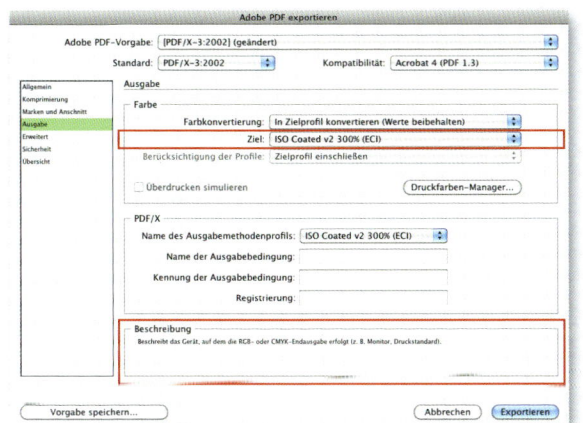

Farbe – Ziel:
ISO Coated v2 300% (ECI)
Beschreibt das Gerät, auf dem die RGB- oder CMYK- Endausgabe erfolgt
(zum Beispiel Monitor, Druckstandard der Onlinedruckerei).

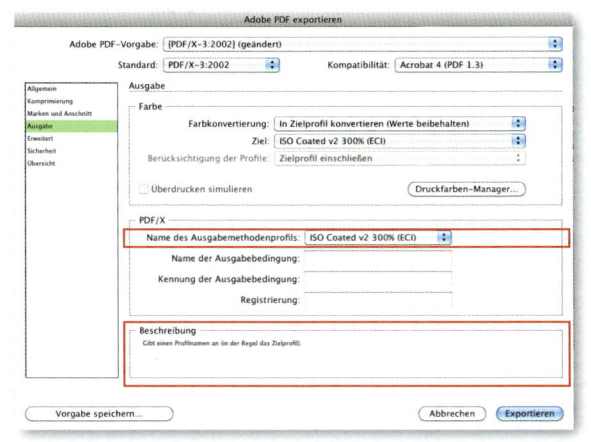

● **Zielprofil**
Hier wird das für Ihr Produkt verwendete Farbprofil der Onlinedruckerei ausgewählt.

PDF/X-Name des Ausgabemethodenprofils:
ISO Coated v2 300% (ECI)
Gibt einen (Farb-)Profilnamen an
(in der Regel das Zielprofil)

● **Ausgabemethodenprofil**
Im PDF/X auch genannt „Output Intent"!
Wird später in unserer Acrobat PDF-Prüfung kontolliert.

In der **Kategorie Erweitert** verwenden Sie folgende Einstellungen:

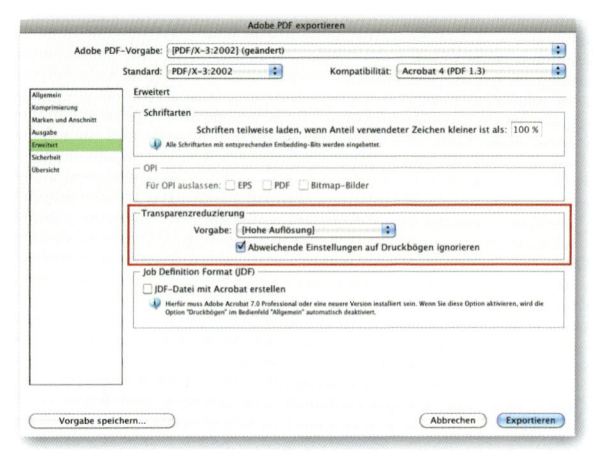

Transparenzreduzierung – Vorgabe:
[Hohe Auflösung]

Checkbox „**Abweichende Einstellungen auf Druckbögen ignorieren:**"
aktiviert

● **Schriften**
Wurden bereits in InDesign in Pfade konvertiert

Schriftarten: So belassen. Schriften haben wir ja keine mehr im Dokument.

Da wir einige Inhalte mit „Schlagschatten" (Transparenzen) versehen haben und im Druck keine Probleme auftreten dürfen (zum Beispiel fehlerhafte Darstellung der Schatten) müssen diese auch korrekt – und in hoher Auflösung – reduziert werden.

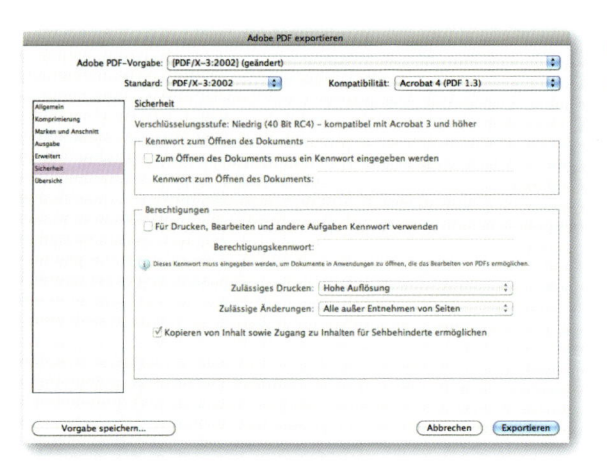

Die **Kategorie Sicherheit** ist grau hinterlegt und bleibt inaktiv.

In der **Kategorie Übersicht** finden Sie eine Zusammenfassung aller gewählten Einstellungen.

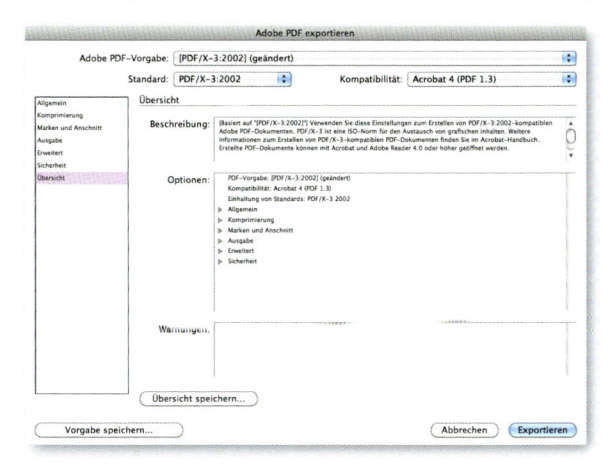

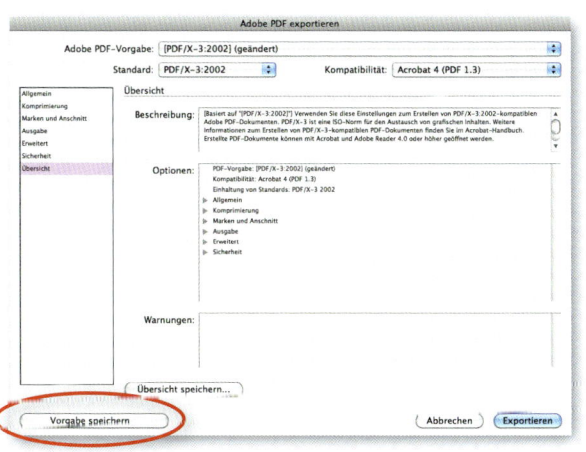

Speichern Sie nun alle gewählten Einstellungen, indem Sie auf „Vorgabe speichern ..." klicken.

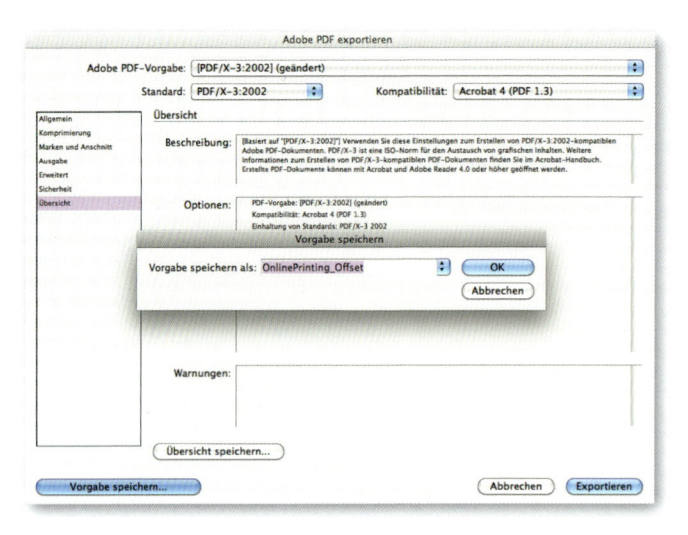

Geben Sie nun den Einstellungen einen Namen zum Beispiel „OnlinePrinting_Offset", und bestätigen Sie die Eingabe mit „OK".

Nun erscheint unter „Adobe PDF-Vorgabe:" „OnlinePrinting_Offset". Diese Vorgabe steht nun bei jedem PDF-Export aus der Adobe CS zur Verfügung.

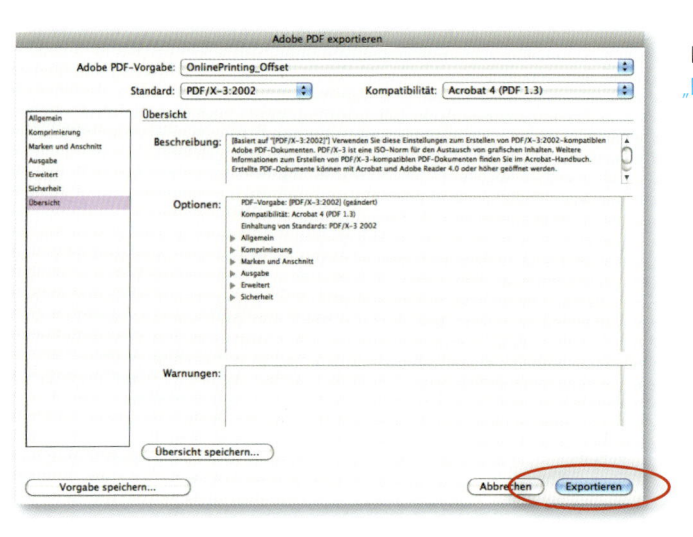

Klicken Sie nun auf den Button „Exportieren".

3. Adobe Acrobat Pro
Überprüfung des PDF mit Preflight und Ausgabevorschau

3.1 Acrobat Pro „Preflight" – Profile

Ich empfehle im bereits geöffneten PDF als erstes eine **Sichtkontrolle** der Vorder- und Rückseite. Nach dem Export in den **PDF/X-3:2002-Standard** ist es durchaus möglich, dass Designelemente aus Ihrem Dokument **„verschwunden"** sind. Dies geschieht, wenn Inhalte des Layouts nicht mit dem PDF/X-3:2002-Standard konform sind.

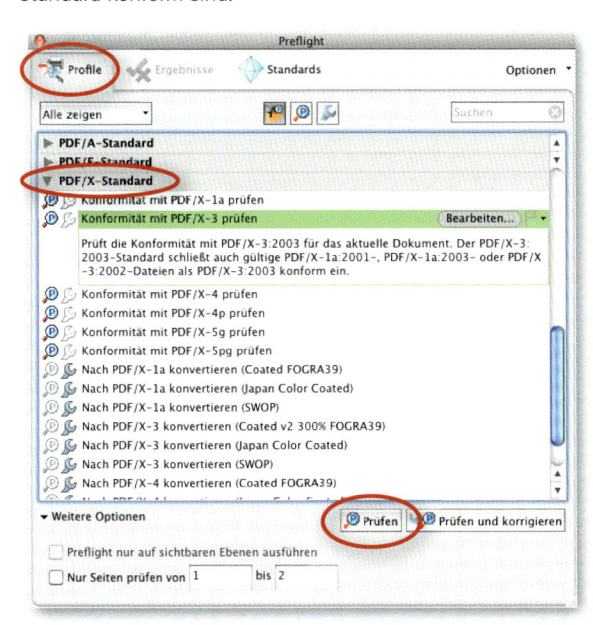

Nun wählen Sie über den Acrobat Menüdialog „Erweitert" [Preflight].
In dem nun geöffneten Preflight-Fenster wählen Sie unter **Profile** den Reiter „PDF/X-Standard" (durch Anklicken des grauen Pfeiles) [Konformität mit PDF/X-3 prüfen] aus.

Wenn Sie bis zu dieser Stelle alles richtig gemacht haben, klicken Sie auf [Prüfen].

● **Sichtkontrolle**
Zu allererst das Dokument auf eventuell „fehlende" Inhalte prüfen!

● **Menü-Pfad**
Erweitert/Preflight ...

ACHTUNG!
„Prüfen", nicht
„Prüfen und korrigieren"!

INFO
Klicken Sie **nicht** „Prüfen und korrigieren"! Sie wollen in erster Linie nur wissen beziehungsweise überprüfen, ob der PDF/X-3:2002-Export aus InDesign auch so stattgefunden hat, wie Sie ihn eingestellt haben.

Abhängig von der Dokumentgröße und Komplexität kann die angestoßene Preflight-Überprüfung einen Moment dauern. Währenddessen bekommen Sie einen Fortschrittsbalken angezeigt.

● **Prüfergebnis**
Freuen Sie sich nicht zu früh.

3.2 Acrobat Pro „Preflight" – Ergebnisse

Nachdem der Prüfvorgang abgeschlossen ist erscheint nun im Preflight-Fenster das Prüfergebnis. Dies wird sehr wahrscheinlich so aussehen (Abb. hier unten).

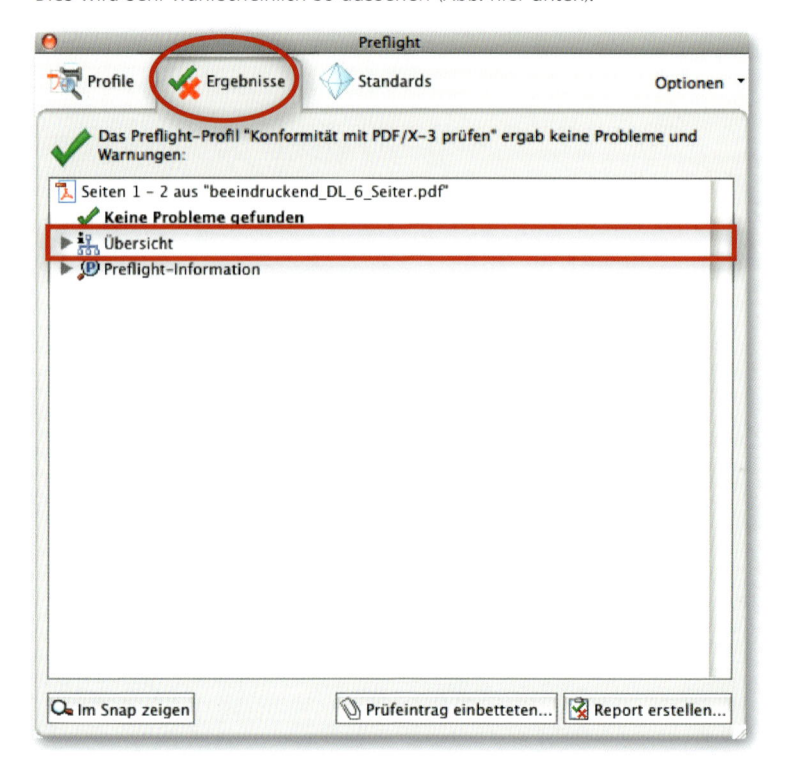

„Das sieht ja gut aus", werden Sie nun vielleicht sagen, aber leider sind wir an diesem Punkt mit unserer **PDF-Überprüfung noch nicht fertig**.

Wie bereits erwähnt beinhaltet der PDF/X-3(:2002)-Standard **viele Spezifikationen** – auch einige, die uns **nicht dienlich** sind. Um nun die gewünschten Informationen aus dem PDF-Preflight zu erhalten, müssen wir schon etwas tiefer in das PDF-Dokument blicken.

● **Übersicht**
Abfragen von Dokumentinformation

In der oben gezeigten Abbildung gibt es den Reiter „**Übersicht**" und durch Anklicken des grauen Pfeiles (links daneben) öffnet sich nach unten eine ganze Reihe von Dokumentinformationen.

Sie sehen unter „Übersicht" die folgenden Punkte:

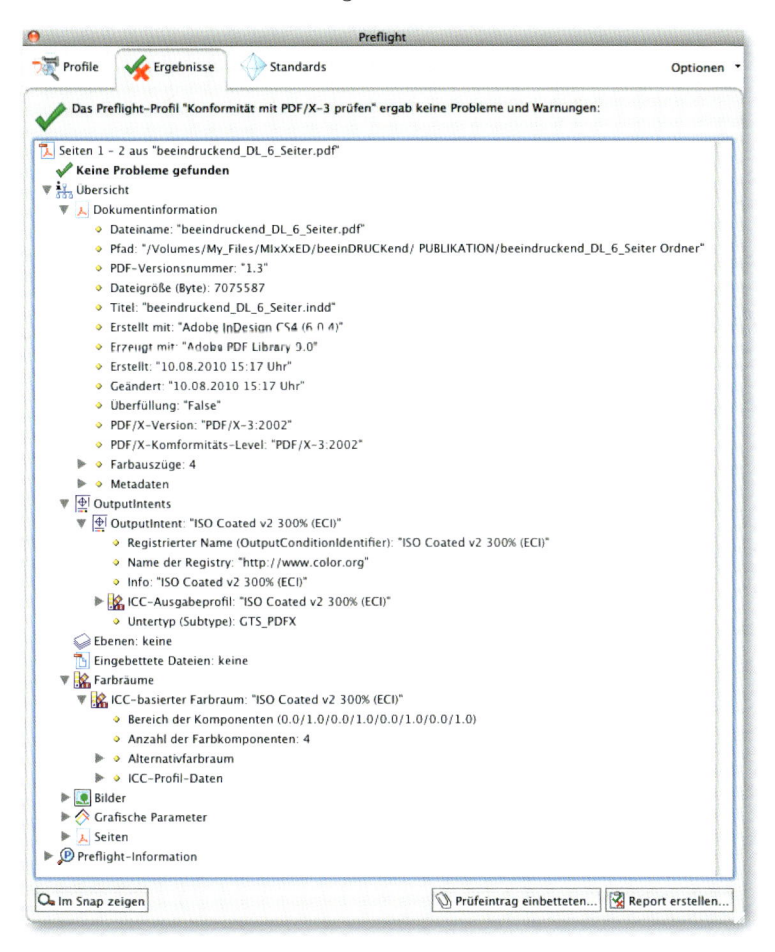

Dokumentinformationen:
[PDF/X-Versionsnummer]: „1.3" / OK
[PDF/X-Version]: „PDF/X-3:2002" / OK
[PDF/X-Komformitäts-Level]: „PDF/X-3:2002" / OK
[Farbauszüge]: „4" / OK

Output Intents:
[ISO Coated v2 300% (ECI)] / OK

Farbräume:
[ICC-basierter Farbraum: ISO Coated v2 300% (ECI)] / OK

● **Kontrolle**
… der in InDesign erstellten PDF/X-3:2002 Optionen.

● **Schriften**
Schriften sollten hier nicht mehr aufgeführt werden. Falls doch, haben Sie wahrscheinlich in InDesign vergessen, einen Textrahmen oder ein Leerzeichen zu konvertieren.

● **Dokumentinformation**
Unser Dokument hat erst nach diesen „Checks" das Ergebnis „Keine Probleme und Warnungen" **verdient**.

● **Menü-Pfad**
Erweitert/Druckproduktion/
Ausgabevorschau …

● **Simulationsprofil**
Ausgabebedingung:
ISO Coated v2 300

● **Gesamtfarbauftrag bei unterschiedlichen Produktionsgeschwindigkeiten**
Overnight: **max. 260%**
Express: **max. 260%**
Standard: **max. 300%**

3.3 Acrobat Pro „Ausgabevorschau"

Eine Überprüfung fehlt uns aber noch – der „**Gesamtfarbauftrag**".

Bei einer Onlinedruckerei sollten Sie, je nach gewählter Produktionsgeschwindigkeit, unbedingt darauf achten, wie hoch der **maximale Gesamtfarbauftrag** sein darf. Der Gesamtfarbauftrag ist in Acrobat Pro (9.x) über den **Menüdialog Erweitert „Druckproduktion"** [Ausgabevorschau] zu finden.

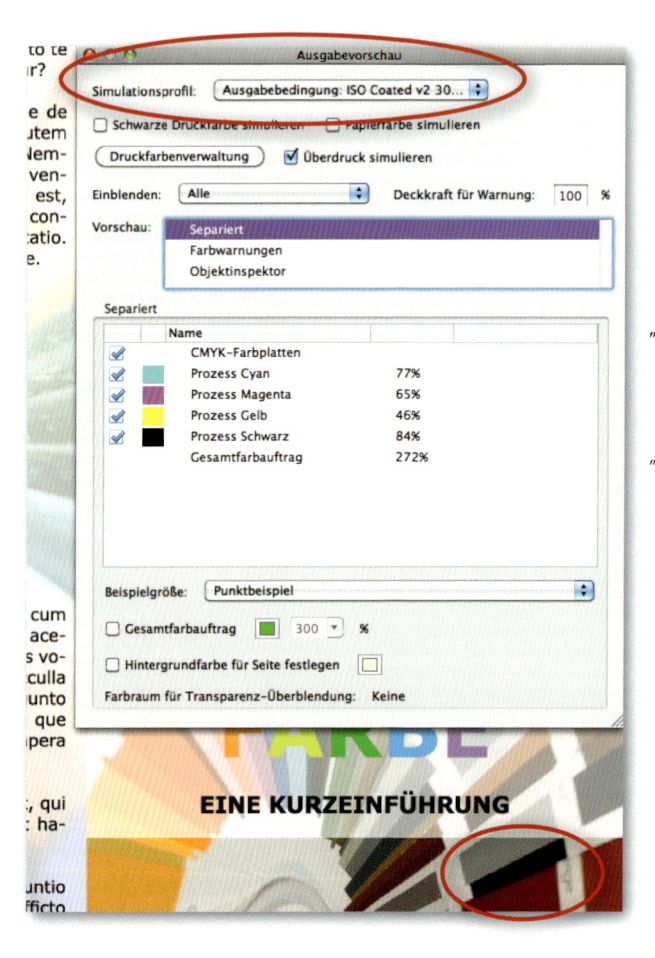

Verwenden Sie die in der Abbildung gewählten Einstellungen.

Unter dem Fenster „**Ausgabevorschau**" habe ich das exportierte Layout als Messbeispiel platziert.

Der „rote Kreis" zeigt den „**Messpunkt**", über dem sich der **Mauscursor** befindet (der Mauscursor hat in der Ausgabevorschau keinen „Pfeil" sondern wird als „kleines Fadenkreuz" dargestellt).

In der **Kategorie** [Separiert] werden die einzelnen **Farbwerte** und der **Gesamtfarbauftrag** angezeigt.

3.4 Acrobat Pro „Gesamtfarbauftrag"

Um einen maximalen Farbwert „**Gesamtfarbauftrag**" visuell darzustellen, aktivieren Sie unter dem Fenster „Separiert" die **Checkbox** „Gesamtfarbauftrag".

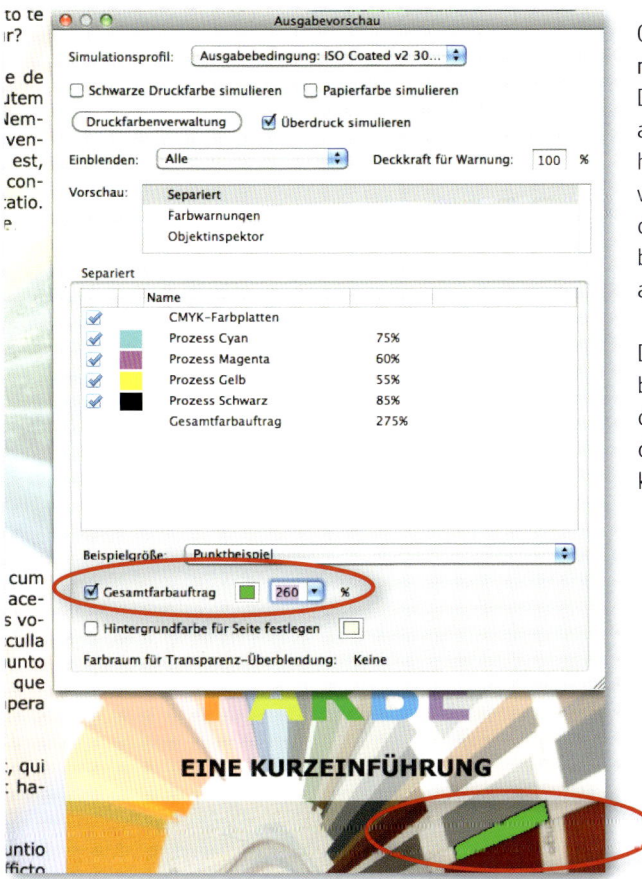

Geben Sie nun den Wert für den **maximalen Gesamtfarbauftrag** ein. Da der Gesamtfarbauftrag im links abgebildeten Beispiel 275% beträgt, habe ich einen **niedrigeren Wert** von 260% eingegeben. Jetzt werden die „Stellen," die über dem eingegebenen Wert (260%) liegen, farblich angezeigt.

Die **Anzeigefarbe** können Sie beliebig wählen, indem Sie auf das **farbige Quadrat**, rechts neben der Checkbox „Gesamtfarbauftrag" klicken.

● **Anzeigefarbe**
Rechts neben der Checkbox das Quadrat anklicken.

How to ...
PDF-Prüfung mit PitStop & Acrobat Pro

Über dieses Kapitel

Dieses Kapitel ist an Großkunden oder Wiederverkäufer von Onlinedruckereien gerichtet. Hier müssen meist hunderte von Aufträgen pro Woche in die Hand genommen, geprüft und an die Produktioner weitergegeben werden. Und falls „das Kind doch einmal in den Brunnen fällt", zum Beispiel bei einer Reklamation, haben Sie gleich ein Prüfprofil mit allen notwendigen Prüfkriterien parat. Das hilft nicht nur Ihnen, sondern auch Ihrem Kunden, die aufgetretenen Fehler zukünftig zu vermeiden.

Alle Inhalte sind durch unsere eigene Handhabung der Software aus der Praxis für Sie zusammengestellt worden, hier wurde so gut wie möglich Wert auf eine „zügige" Erstellung des Prüfprofils gelegt. Sie können nach der Erstellung ganz leicht eigene Anpassungen, so zum Beispiel für geforderte Bildauflösung oder Prüfung mit einem anderen Farbprofil bei Produkten aus der Werbetechnik, vornehmen.

Es ist keinesfalls als ein vollständiges Handbuch zu Adobe Acrobat und dem Acrobat-„PlugIn" PitStop8 Professional zu verstehen. Es beschränkt sich ganz bewusst auf einige wichtige Prüfschritte, Kontrollfunktionen und Werkzeuge, die Ihnen bei der PDF-Kontrolle des exportierten PDF mit PitStop dienlich sind. Die wichtigsten Einstellungen und Vorgehensweisen in dem jeweiligen Programm, liegen in Form von Abbildungen (Screenshots) vor. Alle Pfade zu Funktionen, Werkzeugen und auch zusätzlich wichtige Hinweise sind darüber hinaus in den Seitenleisten dieses Handbuchs zu finden. Die Funktionalität und der jeweilige Pfad zu den Werkzeugen sind so ebenfalls unter Windows auffindbar.

Anwendbarkeit & Grenzen
Notwendige Anpassungen für den „sicheren" Onlinedruck

PDF Prüfprofil erstellen
Offset, maximaler Farbauftrag 300%

Farbmanagement
kontrollieren und einstellen

Preflight-Bericht
Klare Interpretation der Meldungen im Prüfbericht im Workshop

„One Click"-Check!

PDF-Prüfung mit PitStop & Acrobat Pro

1. Der PDF/X Standard
1.1 Warum PDF/X?

2. Adobe Acrobat Pro 9
2.1 Farbmanagement

3. PitStop-Professional 8
3.1 Farbmanagement
- Farbmanagement einstellen

3.2 Erstellen eines PDF-Prüfprofils nach den Vorgaben einer Onlinedruckerei
- Der Enfocus PDF Profil Editor
  - Allgemeine Übersicht des Prüfberichts
  - Einstellung der „richtigen" Maßeinheit

3.3 Der QuickRun
- Erstellen eigener QuickRuns
  - QuickRun für PDF-Prüfprofil erstellen
  - QuickRun für Aktionslisten erstellen

3.4 Der Preflight Bericht (Report)
- Auswertung & Analyse
- Fehlerkorrektur

1. Der PDF/X Standard

1.1 Warum PDF/X?

Das „X" in PDF/X steht für „(blind) eXchange", also für blinden Datenaustausch. Das klingt verlockend, es stellt sich aber die Frage, welcher der beiden folgenden Standards das Richtige sei. Bei der Entscheidung hilft ein Blick auf die Evolution der Normen.

Erste Diskussionen zum PDF/X-Projekt gab es in den USA in der **DDAP-Vereinigung** im Jahre 1995 und diese mündeten 1996 im offiziellen Start des PDF/X-Projektes. Danach verlief der Siegeszug von PDF/X recht zäh, denn erst im September 1998 haben sich die Amerikaner – etwas zum Leidwesen der europäischen Vertretung – für die Normierung von PDF/X-1 eingesetzt und ein ganzes Jahr später, im Oktober 1999, wurde PDF/X-1 zur **ANSI-Norm** gekürt. Ende 2001 avancierte unter dem Namen PDF/X-1a eine modifizierte Variante der Norm zum ISO-Standard.

Einige Unzulänglichkeiten dieses auf den nordamerikanischen Raum hin ausgerichteten Standards veranlassten die europäischen PDF-Experten Stephan Jaeggi (Prepress Consulting, Binningen/Schweiz) und Olaf Drümmer (callas software GmbH, Berlin) dazu, der ISO-Kommission eine umfassendere Lösung vorzuschlagen, die die Anforderungen der europäischen PrePress-Branche weitaus besser erfüllt: **ISO 15930-3**, auch als „PDF/X-3" bekannt.

PDF/X-1a erlaubt lediglich die Verwendung geräteabhängiger CMYK-Prozessfarben und Sonderfarben für CMYK-basierte Ausgabe. PDF/X-3 unterstützt darüber hinaus (optional) unter anderem RGB-basierte Ausgabeprozesse, die Verwendung geräteunabhängiger Farben und ICC-Profile.

Der PDF-Workflow hat in der Zwischenzeit viele zufriedene Anwender gewonnen. Zahlreiche Betriebe sind vom PDF/X-Workflow bereits heute völlig überzeugt und realisieren so nicht unerhebliche Kosteneinsparungen bei verbesserter Kundenzufriedenheit.

● **DDAP**
„Digital Distribution of Advertising for Publication",
www.ddap.org

● **ANSI**
Norm des „American National Standard Institute", vergleichbar unserer › DIN.

2. Adobe Acrobat Pro 9

2.1 Acrobat Pro „Farbmanagement Einstellungen"

Kontrollieren Sie zu allererst die Farbeinstellungen in Acrobat Pro. Leider ist es möglich, dass trotz der CS4 Farbeinstellung über das Programm Adobe Bridge, Adobe Acrobat Pro die gespeicherten Voreinstellungen nicht übernimmt. Aus diesem Grund sollten Sie die **Farbeinstellungen in Acrobat Pro** nochmals kontrollieren und gegebenenfalls anpassen.

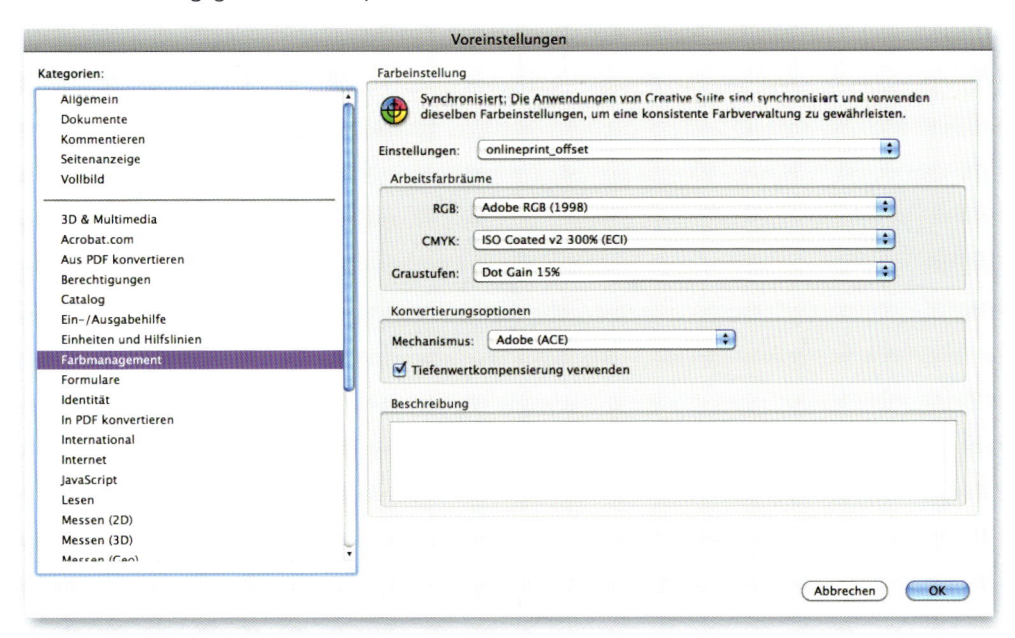

● **Menü-Pfad**
Acrobat/Voreinstellungen/ Allgemein/Farbmanagement

● **Farbeinstellung**
Die Abbildung zeigt die bereits synchronisierten Farbeinstellungen

Wenn das Synchronisieren geklappt hat, werden Sie wie in der aufgeführten Abbildung bereits alles richtig eingestellt vorfinden.

● **Menü-Pfad**
Acrobat/Voreinstellungen/
Enfocus PitStop Professional
Grundeinstellungen

● **Farbeinstellung**
Die Abbildung zeigt die hinterlegten Farbeinstellungen von PitStop Professional

3. PitStop-Professional 8

3.1 PitStop 8 „Farbmanagement Einstellungen"
Kontrollieren Sie zu allererst das Farbmanagement in PitStop. Diese sind unabhängig von den Farbeinstellungen in Acrobat Pro! Sollten Sie Farbkonvertierungen in einem PDF mit PitStop vornehmen, wird auf diese Profile zurückgegriffen.

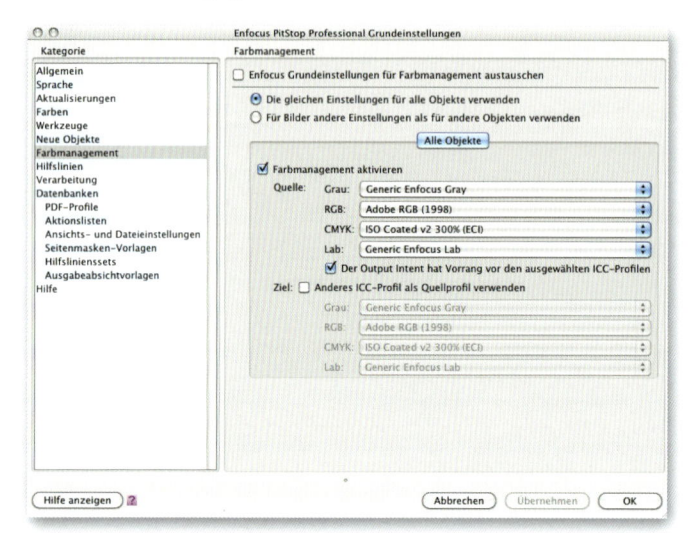

3.2 PitStop 8 „Erstellen eines PDF-Prüfprofils"
Nachfolgend wird anhand der Druckdaten-Vorgaben einer Onlinedruckerei ein PitStop Prüfprofil erstellt.

Öffnen Sie das **PDF-Profil-Kontrollfenster**.
Klicken Sie dazu in der bereits angezeigten PitStop Werzeugleiste auf folgendes icon:

● **Menü-Pfad**
Zusatzmodule/
Enfocus PitStop Professional/
Enfocus PDF-Profilfenster
anzeigen …

Sie finden das **PDF-Profil-Kontrollfenster** auch über den Acrobat Menü-Dialog
[Zusatzmodule/Enfocus PitStop Professional/Enfocus PDF-Profilfenster anzeigen …]

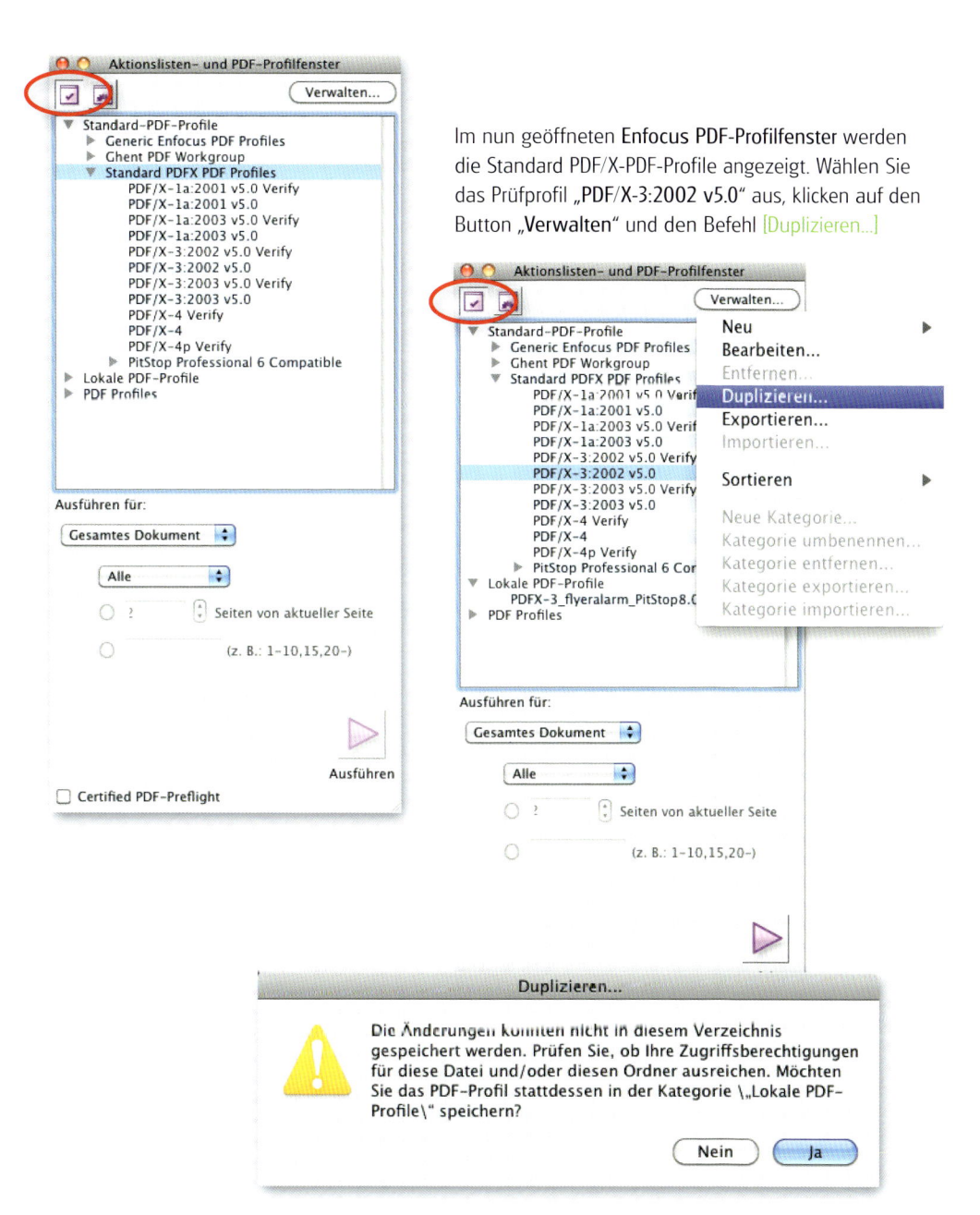

Im nun geöffneten **Enfocus PDF-Profilfenster** werden die Standard PDF/X-PDF-Profile angezeigt. Wählen Sie das Prüfprofil „**PDF/X-3:2002 v5.0**" aus, klicken auf den Button „**Verwalten**" und den Befehl [Duplizieren...]

Bestätigen Sie dann den oben abgebildeten Dialog mit „Ja"

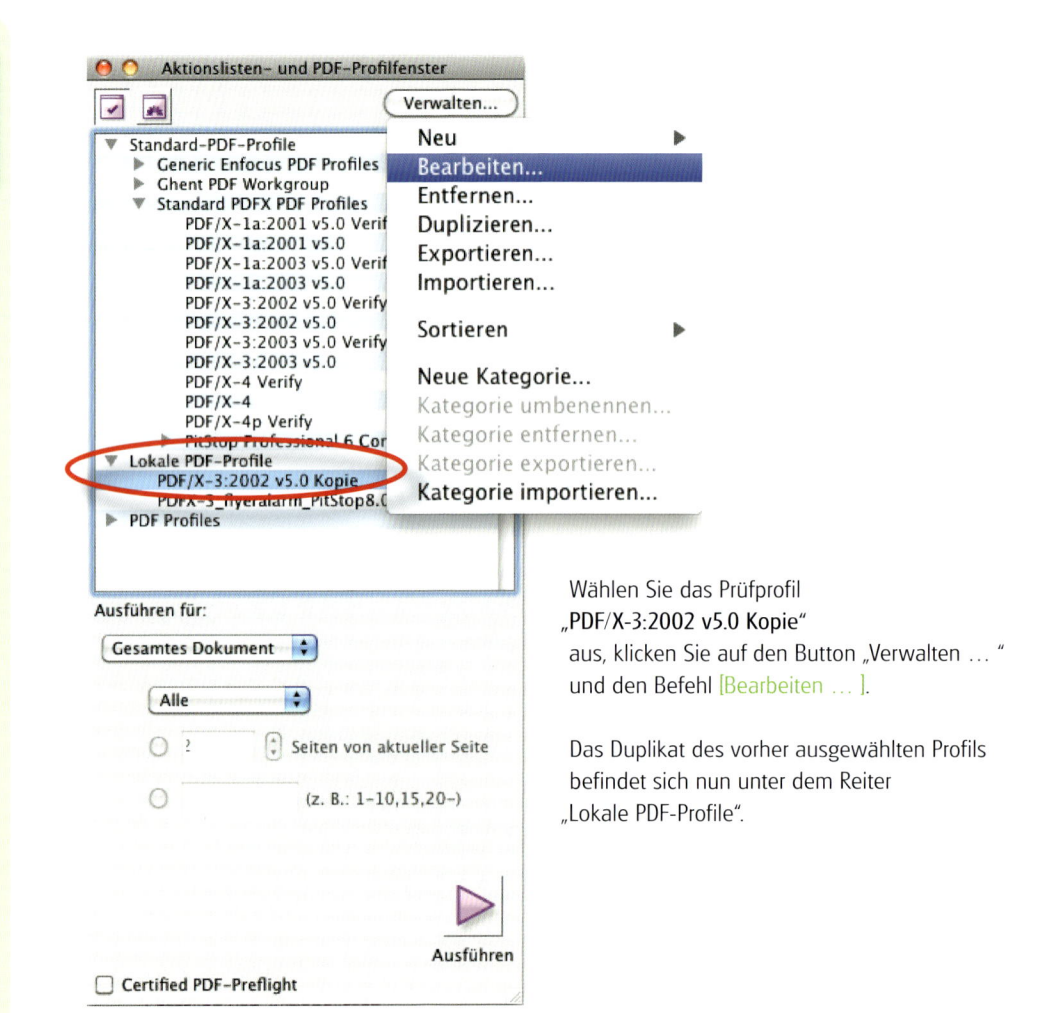

Wählen Sie das Prüfprofil
„PDF/X-3:2002 v5.0 Kopie"
aus, klicken Sie auf den Button „Verwalten … "
und den Befehl [Bearbeiten …].

Das Duplikat des vorher ausgewählten Profils
befindet sich nun unter dem Reiter
„Lokale PDF-Profile".

Nun öffnet sich der Enfocus Profil Editor, so dass individuelle Einstellungen vorgenommen werden können (Abb. unten).

Zur Erinnerung: Nachfolgend erstellen wir ein PDF Prüfprofil nach den PDF Vorgaben (Druckdaten-Vorgaben) einer Onlinedruckerei.

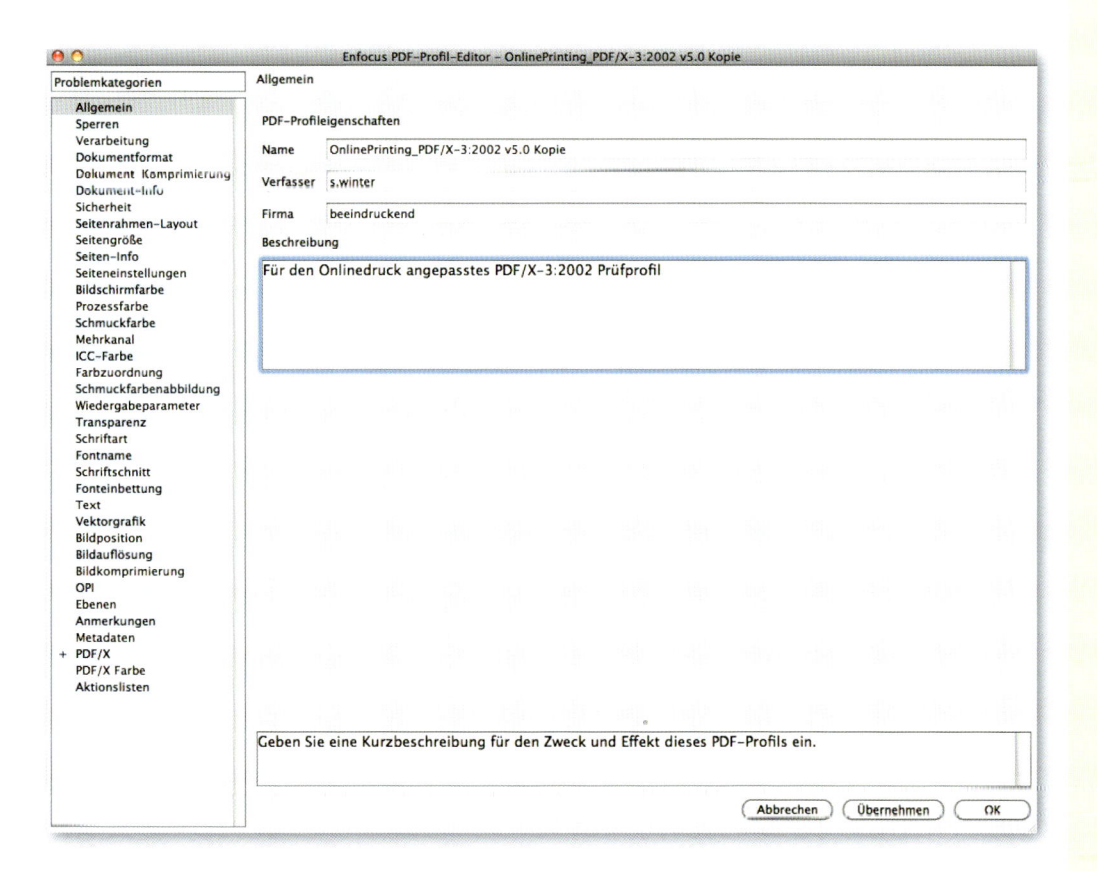

In der **Kategorie** [Allgemein] unter PDF-Profileigenschaften geben Sie dem Profil einen Namen und auch eine Beschreibung …

Die **Kategorie** [Sperren] belassen Sie unberührt.

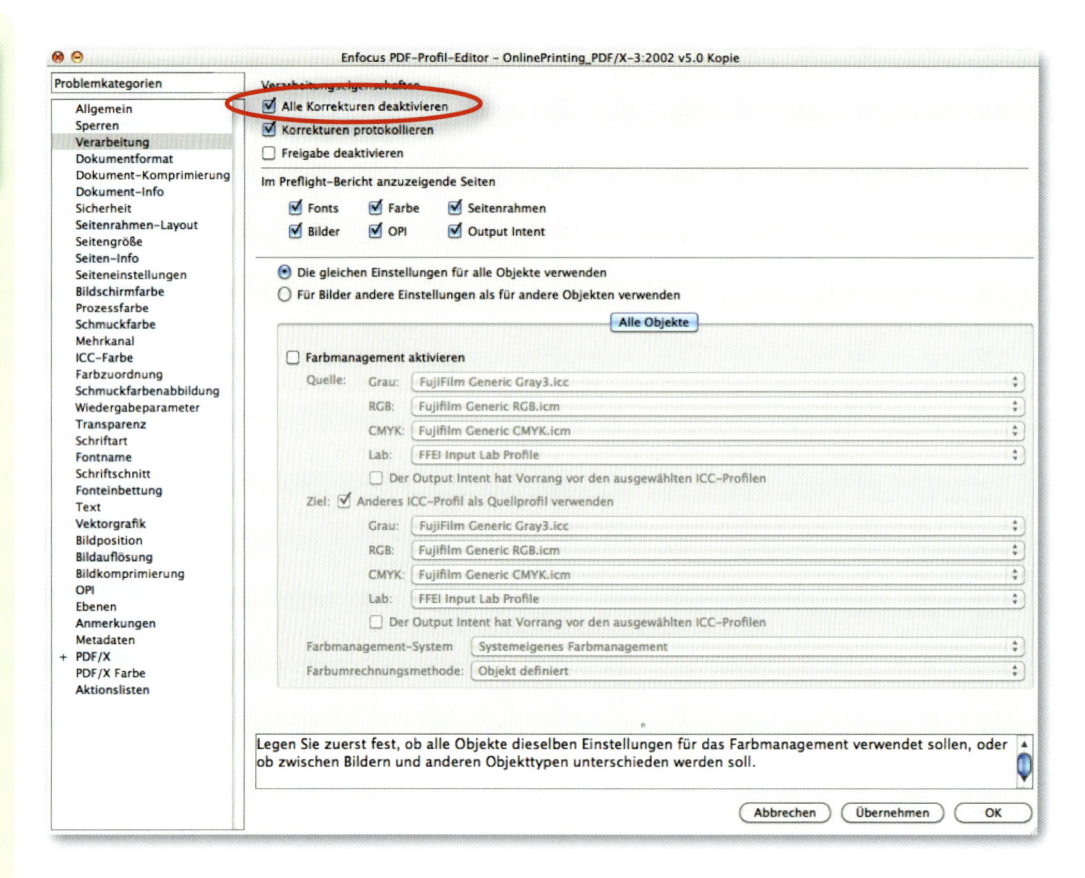

In der **Kategorie** [Verarbeitung] unter **Verarbeitungseigenschaften** aktivieren Sie zusätzlich „Alle Korrekturen deaktivieren", denn wir erstellen ein reines Prüfprofil.

Unter „**Im Preflight-Bericht anzuzeigende Seiten**" sollen alle 6 Checkboxen aktiviert sein. Diese Punkte sind dann, wie Sie später sehen werden, im Prüfbericht separat aufgeführt.

Aktiviert ist auch „Die gleichen Einstellungen für alle Objekte verwenden".

„**Farbmanagement aktivieren**" bleibt deaktiviert.

In der **Kategorie** [Dokumentformat] aktivieren Sie „Dokumentformat aktivieren".

Unter „Zu erkennende Probleme" aktivieren Sie „PDF-Version ist … " „ungleich" „PDF 1.3"
und unter „**Bericht als**" wählen Sie „Fehler" aus.

Weiterhin aktivieren Sie
„**Dokument ist beschädigt und muss beim … werden**" „**Bericht als** …" „Fehler" auswählen
„**Der Überfüllungsschlüssel ist gesetzt auf** …" „unbekannt"
„**Bericht als** …" „Achtung" deklarieren.

Die **Kategorien** [Dokument-Komprimierung] und [Dokument-Info] belassen Sie wie sie sind.

Widmen wir uns als nächstes der **Kategorie** [Sicherheit].
Aktivieren Sie ganz oben „**Sicherheit aktivieren**",
unter „**Zu erkennende Probleme**" „Dokument verwendet Sicherheit dieses Typs …" wählen Sie „beliebig"
und unter „**Bericht als …**" wählen Sie „Fehler".

INFO

Selbstverständlich macht es in PDF/X (-3:2002) keinen Sinn, kennwortgeschützte PDFs zu unterstützen. Diese können ja ohne das Kennwort im Workflow der Druckerei nicht weiterverarbeitet werden.

Die Kategorien [Seitenrahmen-Layout] und [Seitengröße] belassen Sie wie sie sind.

In der Kategorie [Seiten-Info] aktivieren Sie „Seiten-Info aktivieren",
unter „Zu erkennende Probleme" aktivieren Sie „Seite ist leer"
und unter „Bericht als … " wählen Sie „Achtung".

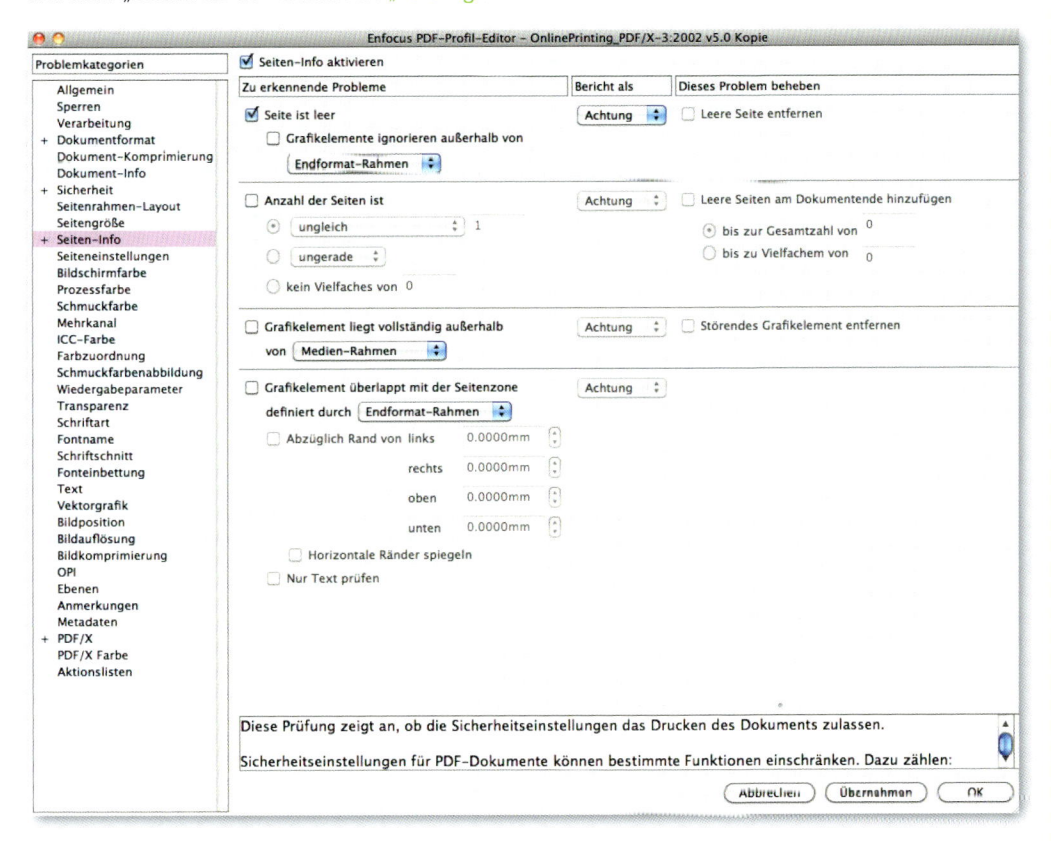

Die nachfolgenden Kategorien [Seiteneinstellungen] und [Bildschirmfarbe] belassen Sie wie sie sind.

Die folgenden Punkte sind besonders wichtig.
In der Kategorie [Prozessfarbe] aktivieren Sie „**Prozessfarbe aktivieren**",
unter „**Zu erkennende Probleme**" wählen Sie „**RGB wird verwendet**"
und unter „**Bericht als …** " wählen Sie „**Achtung**".

Wählen Sie die nachfolgenden Einstellungen wie in der Abbildung aufgezeigt.

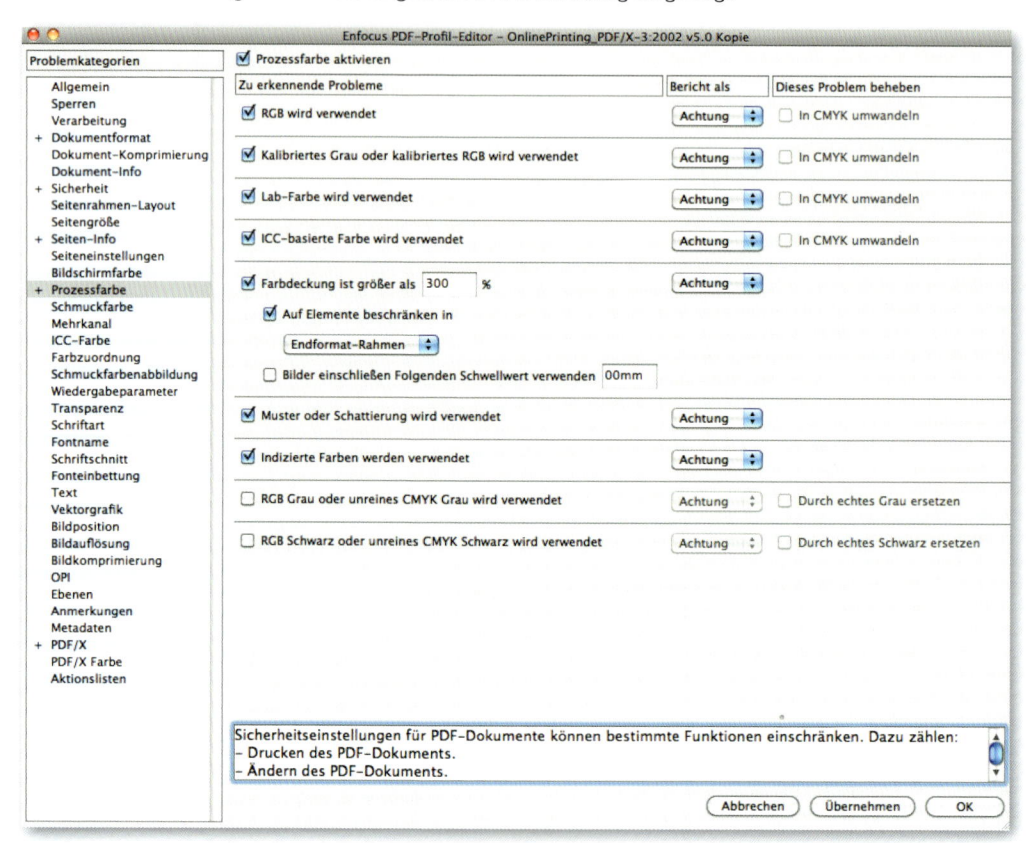

● **Info zu RGB**
Bei RGB auf einem ausgeschossenen Druckbogen ist es durchaus möglich, dass Sie anstelle der Datei nur eine grau hinterlegte Fläche vorfinden.

INFO
Einige der „Farbräume", die entsprechend den obigen Einstellungen eine Warnmeldung erzeugen, sind natürlich in PDF/X-3:2002 erlaubt. Es bedarf aber des „Output Intents" (Ausgabemethodenprofil), in welches zum Beispiel RGB oder LAB konvertiert werden sollen.
LAB ist ein dreidimensionaler Farbraum, der nur mit und über Software dargestellt werden kann. Wenn hier keine Zuweisung beziehungsweise Konvertierung über das Output Intent erfolgt, haben Sie im Druck an dieser Stelle Streifen wie früher das Fernsehen nach Sendeschluss.
Daher ist es besser, über ein Prüfprofil darüber informiert zu werden und so sicherzugehen.

Aktivieren Sie in der nächsten Kategorie [Schmuckfarbe] „Schmuckfarbe aktivieren".

Wählen Sie die nachfolgenden Einstellungen wie in der Abbildung aufgezeigt.

ACHTUNG!
Erwarten Sie niemals die „gleiche" Farbwiedergabe von Schmuckfarbe unter CMYK!

INFO Kurz und simpel zu „Schmuckfarbe hat einen anderen Farbraum als CMYK oder Grau": Zu Schmuckfarben gibt es immer einen alternativen Farbraum – also fertige, allgemeine CMYK (Umrechnungs-) Farbwerte, auch ohne Output Intent. Entscheidend ist aber, dass Sie mit diesen alternativen CMYK Farbwerten nicht so „nahe" an der Schmuckfarbe liegen wie mit einem Output Intent, das Sie von Ihrer Druckerei vorgegeben bekommen.

● **Fallbeispiel links**
HKS 57 N

Alternative Farbwerte:
C : 78,04%
M: 0,39%
Y : 69,41%
K : 0,00%

In der Kategorie [Mehrkanal] aktivieren Sie „Mehrkanal aktivieren",
unter „**Zu erkennende Probleme**" wählen Sie „NChannel-Farbraum wird verwendet"
und unter „**Bericht als … .**" wählen Sie „Fehler".

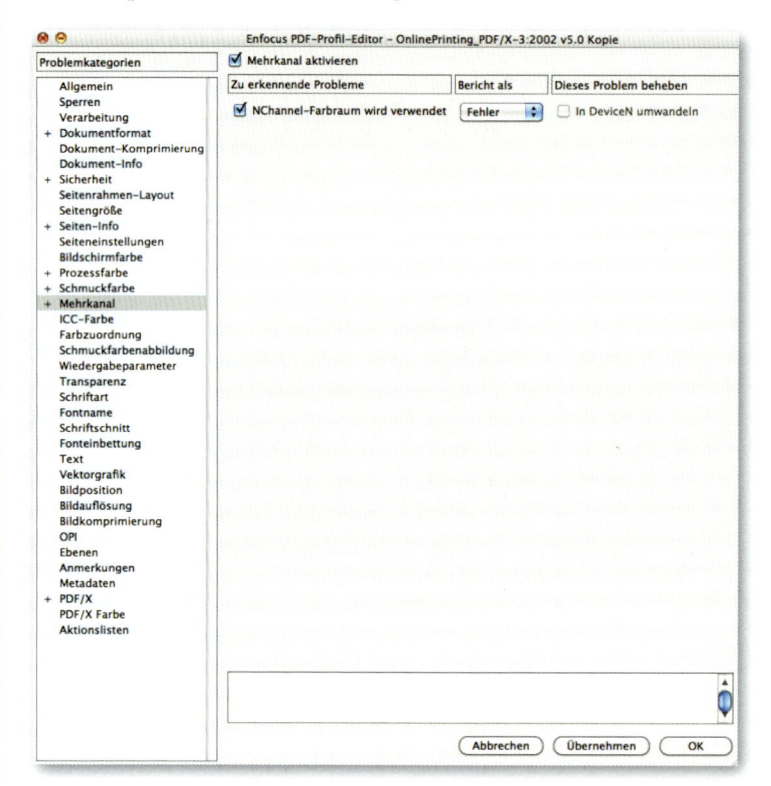

● **Info zu PDF 1.3**
Ein konvertierter NChannel-Farbraum „sollte" in PDF Version 1.3 als DeviceN-Farbraum erscheinen.

Ein PDF-Dokument darf Objekte enthalten, für die der NChannel-Farbraum verwendet wurde. NChannel ist eine Erweiterung des DeviceN-Farbraums, ein aus mehreren Komponenten bestehender, geräteabhängiger Farbraum. Sie können daher Farbkomponenten, zum Beispiel mehrere Schmuckfarben, neben den herkömmlichen (RGB oder CMYK) verwenden.

NChannel wird ab PDF 1.6 (Acrobat 7.x) unterstützt. Wird das PDF-Dokument in einer älteren Version von Adobe Acrobat geöffnet, werden Farben ggf. falsch gedruckt oder angezeigt. Die NChannel-Information wird beibehalten, wenn Sie das PDF-Dokument in einer älteren Version von Adobe Acrobat bearbeiten: Sobald Sie das PDF-Dokument wieder in Acrobat 7 öffnen, werden die Farben daher wieder korrekt angezeigt.

Die nachfolgenden Kategorien [ICC-Farbe, Farbzuordnung, Schmuckfarbenabbildung und Wiedergabeparameter] belassen Sie wie sie sind.

Wir steigen bei der Kategorie [Transparenz] wieder ein und aktivieren „Tansparenz aktivieren", unter **„Zu erkennende Probleme"** aktivieren wir „Grafikelement ist transparent" und unter „Bericht als ... " wählen Sie „Fehler".

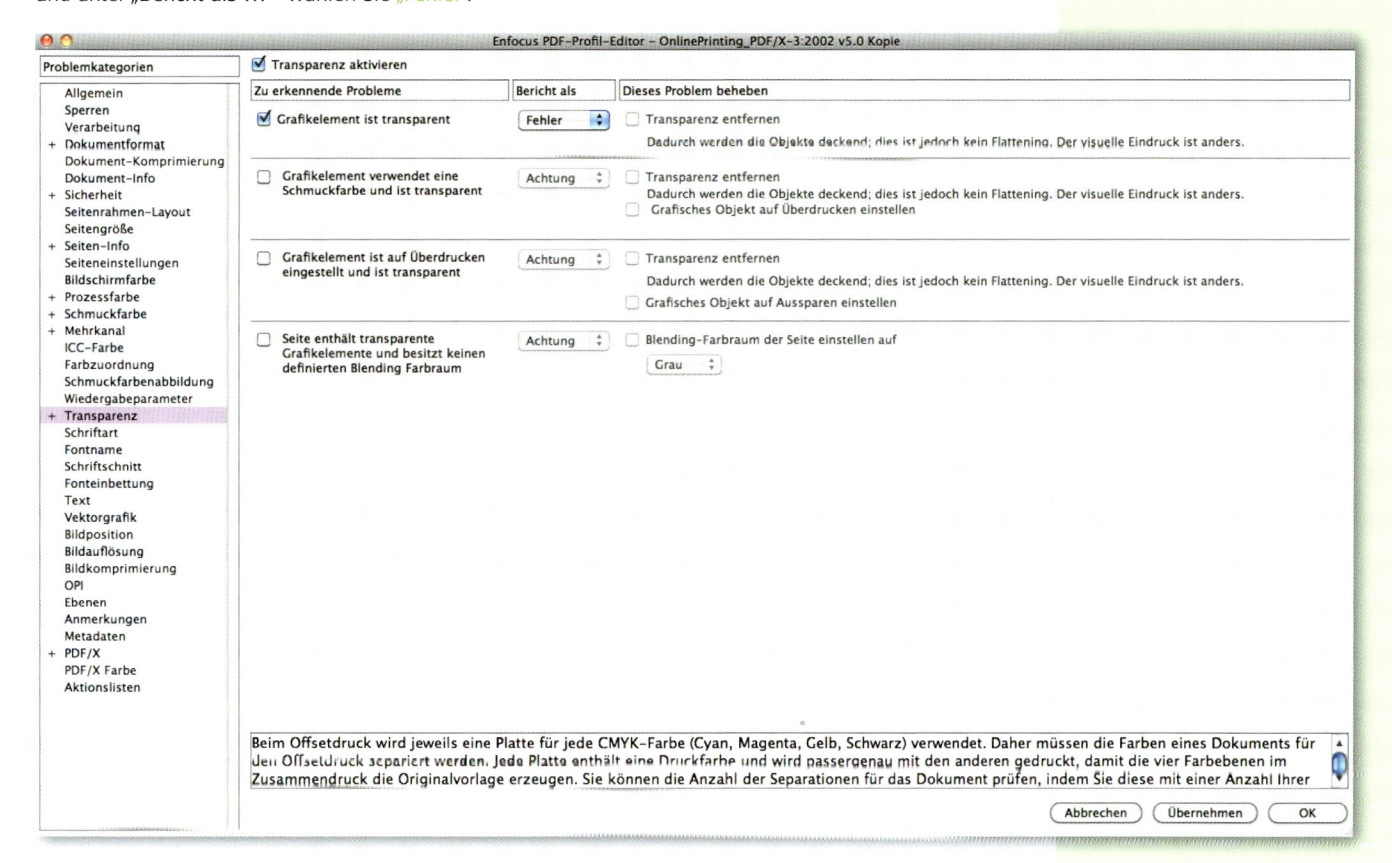

Problemkategorien	Zu erkennende Probleme	Bericht als	Dieses Problem beheben
Allgemein			
Sperren			
Verarbeitung	☑ Grafikelement ist transparent	Fehler	☐ Transparenz entfernen
+ Dokumentformat			Dadurch werden die Objekte deckend; dies ist jedoch kein Flattening. Der visuelle Eindruck ist anders.
Dokument-Komprimierung			
Dokument-Info	☐ Grafikelement verwendet eine Schmuckfarbe und ist transparent	Achtung	☐ Transparenz entfernen
+ Sicherheit			Dadurch werden die Objekte deckend; dies ist jedoch kein Flattening. Der visuelle Eindruck ist anders.
Seitenrahmen-Layout			☐ Grafisches Objekt auf Überdrucken einstellen
Seitengröße			
+ Seiten-Info	☐ Grafikelement ist auf Überdrucken eingestellt und ist transparent	Achtung	☐ Transparenz entfernen
Seiteneinstellungen			Dadurch werden die Objekte deckend; dies ist jedoch kein Flattening. Der visuelle Eindruck ist anders.
Bildschirmfarbe			☐ Grafisches Objekt auf Aussparen einstellen
+ Prozessfarbe			
+ Schmuckfarbe	☐ Seite enthält transparente Grafikelemente und besitzt keinen definierten Blending Farbraum	Achtung	☐ Blending-Farbraum der Seite einstellen auf
+ Mehrkanal			Grau
ICC-Farbe			
Farbzuordnung			
Schmuckfarbenabbildung			
Wiedergabeparameter			
+ **Transparenz**			
Schriftart			
Fontname			
Schriftschnitt			
Fonteinbettung			
Text			
Vektorgrafik			
Bildposition			
Bildauflösung			
Bildkomprimierung			
OPI			
Ebenen			
Anmerkungen			
Metadaten			
+ PDF/X			
PDF/X Farbe			
Aktionslisten			

Beim Offsetdruck wird jeweils eine Platte für jede CMYK-Farbe (Cyan, Magenta, Gelb, Schwarz) verwendet. Daher müssen die Farben eines Dokuments für den Offsetdruck separiert werden. Jede Platte enthält eine Druckfarbe und wird passergenau mit den anderen gedruckt, damit die vier Farbebenen im Zusammendruck die Originalvorlage erzeugen. Sie können die Anzahl der Separationen für das Dokument prüfen, indem Sie diese mit einer Anzahl Ihrer

(Abbrechen) (Übernehmen) (OK)

INFO

In PDF/X-3:2002 PDF Version 1.3 ist keine Transparenz mehr vorhanden. Diese wurden mit dem Export in die PDF Version 1.3 bereits **„reduziert"** **(flattening)**.

Dann wären wir bereits in der Kategorie [Schriftart]. Aktivieren Sie „Schriftart aktivieren".

Wählen Sie die nachfolgenden Einstellungen wie in der Abbildung aufgezeigt.

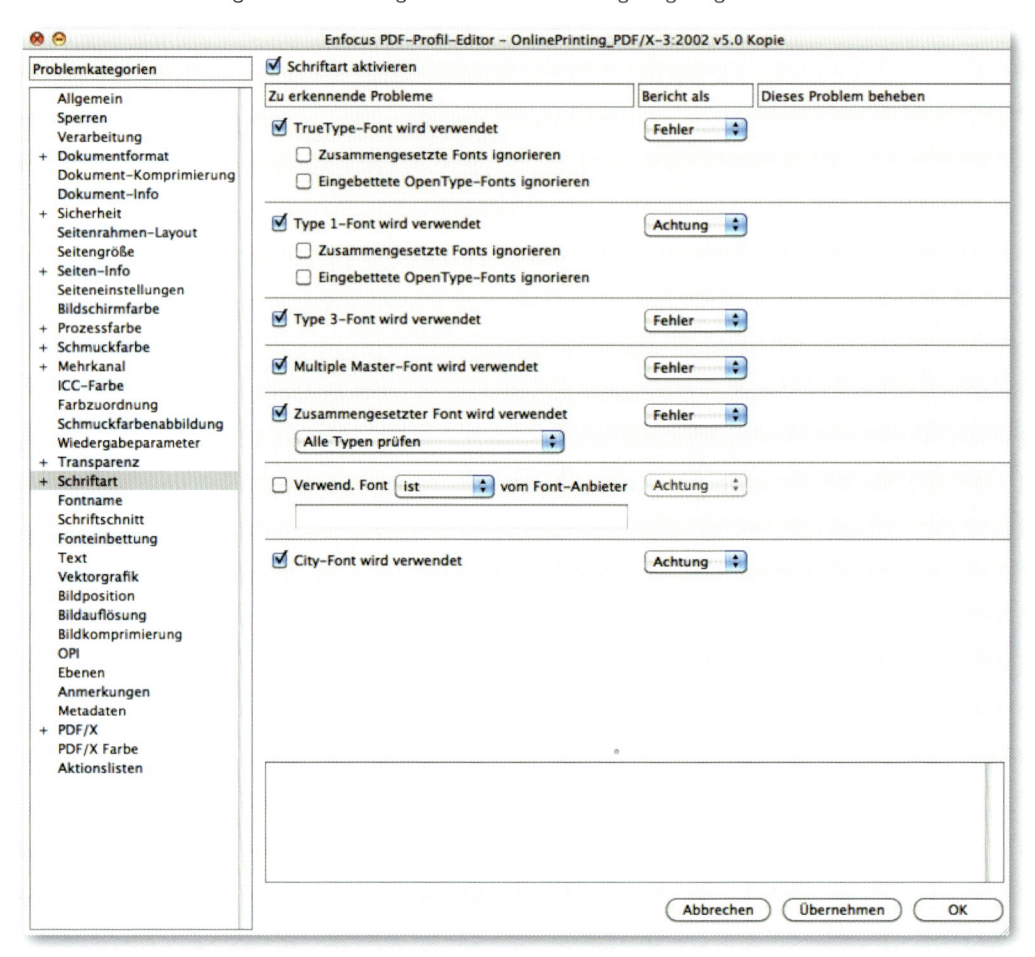

INFO

In PDF/X-3:2002 sind eingebettete Schriften erlaubt, trotzdem ist allgemein im Online-Druck Vorsicht geboten. Konvertieren Sie immer alle Schriften zu Kurven/Pfade; am besten in Ihrem Layoutprogramm.
In PitStop 8 ist dies, nach bestimmten Kriterien, im Nachhinein aber auch noch durchführbar.

Folgende Kategorien lassen Sie unberührt: [Fontname] und [Schriftschnitt].

Aktivieren Sie in der Kategorie [Fonteinbettung] „Fonteinbettung aktivieren".

Wählen Sie die nachfolgenden Einstellungen wie in der Abbildung aufgezeigt.

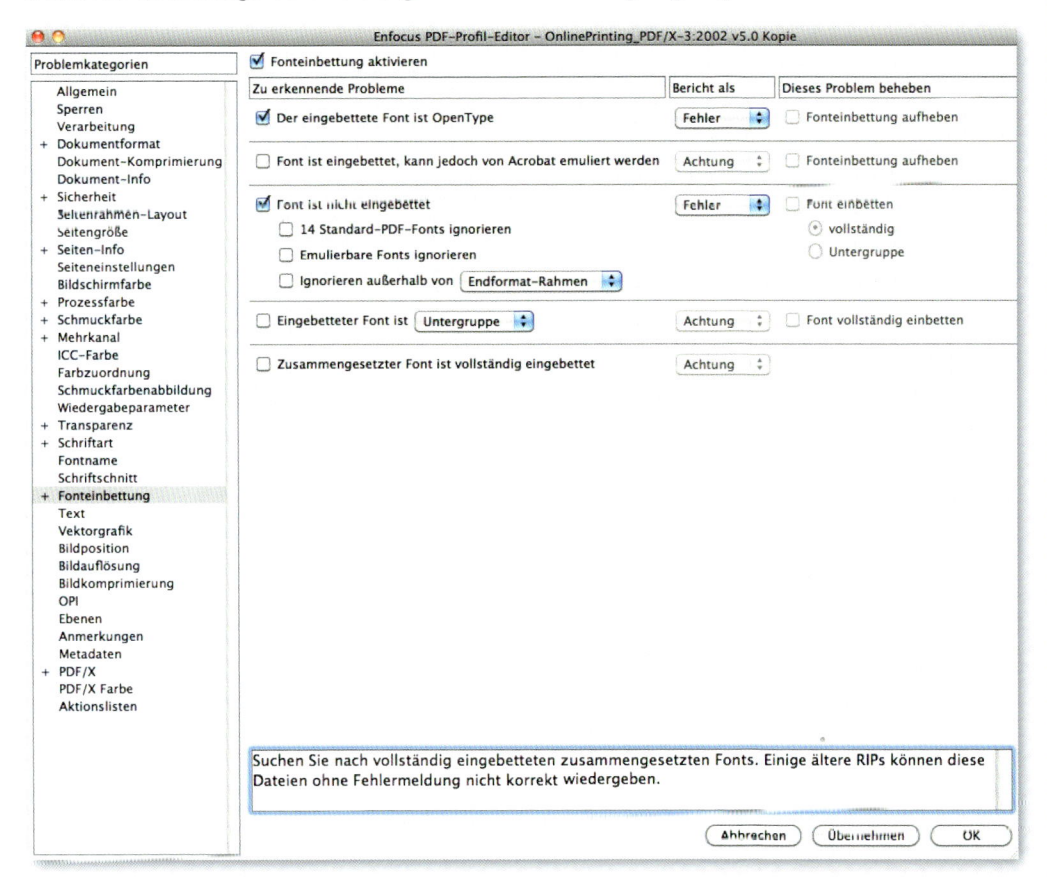

INFO Nicht eingebettete Schriften sind „Teufelszeug", hier ist der Ärger schon so gut wie vorprogrammiert! Im PDF bekommen Sie von dieser „Schrift" nichts zu sehen, das heißt, Sie können auch nicht kontrollieren, ob sich „Schrift" im Anschnitt befindet (da diese nicht dargestellt wird …).

Falls Sie Kundendaten ohne eingebettete Schriften erhalten, sollten Sie am besten direkt mit dem Kunden in Verbindung treten und darauf aufmerksam machen.

Aktivieren Sie in der Kategorie [Text] die Checkbox „Text aktivieren".

Wählen Sie die nachfolgenden Einstellungen wie in der Abbildung aufgezeigt.

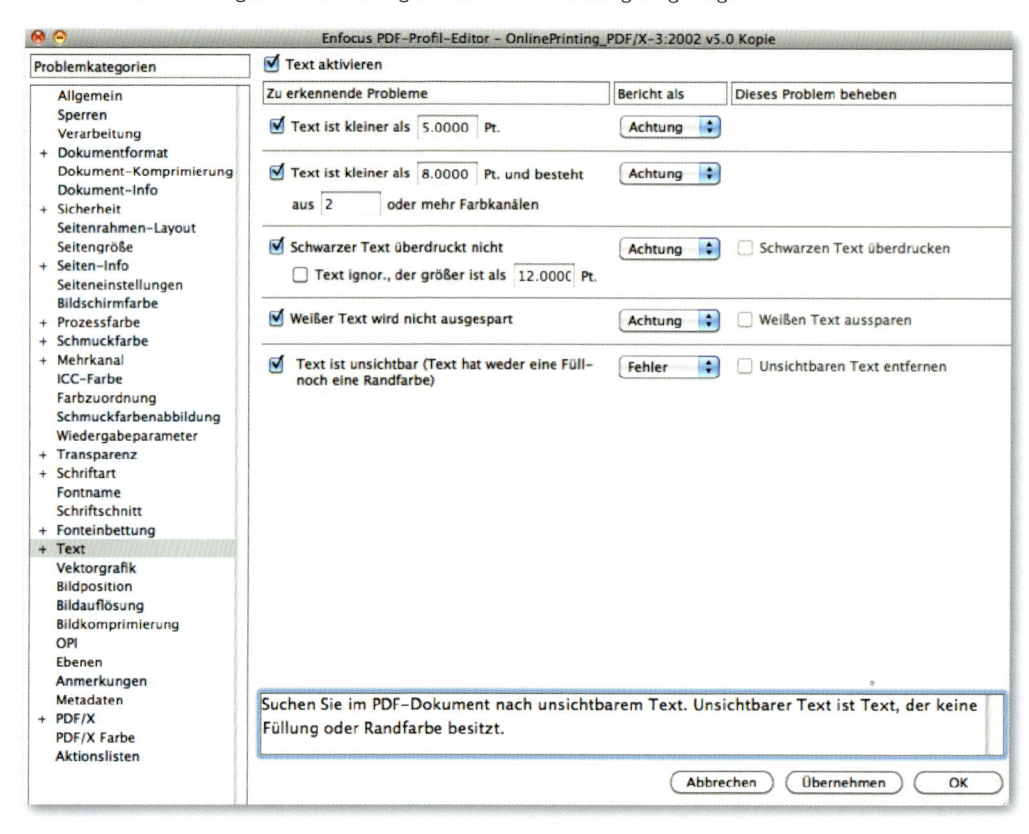

● **Tonwertzuwachs**
Ist unter anderem abhängig von der Menge der Druckfarbe und der Saugfähigkeit des Bedruckstoffes

INFO

Diese Einstellungen sind notwendig, da zum Einen Text, obwohl vorhanden, manchmal nicht korrekt dargestellt wird. Dies kann beispielsweise bei kleiner Schriftgröße (‹ 5Pt.) der Fall sein, wenn weißer Text auf einem gemischt schwarzen Hintergrund gedruckt werden soll. Durch den **Tonwertzuwachs (Druckpunktzuwachs)** ergibt sich der Eindruck, dass die Schrift eine unterschiedliche Linienstärke aufweist, da die Farbe des Hintergrundes etwas in die Schrift „hineinläuft" beziehungsweise sich „hineinsaugt".

Zum Anderen kann weißer Text, obwohl vorhanden, „verschwinden" wenn er nicht auf „aussparen" steht. Das kann passieren, wenn Sie einen vorher farbigen Text über die Farbfelder mit einem selbst angelegten Weiß färben.

Folgende Kategorien lassen Sie unberührt: [Vektorgrafik] und [Bildposition].

Aktivieren Sie in der Kategorie [Bildauflösung] „Bildauflösung aktivieren".

Wählen Sie die nachfolgenden Einstellungen wie in der Abbildung aufgezeigt.

INFO Selbstverständlich wollen Sie wissen, ob alle in das PDF eingebetteten Bilder der geforderten Auflösung entsprechen.

Zur Erinnerung: Eine Onlinedruckerei druckt Ihren Auftrag (meist) im 70er Raster, aus diesem Grund ist hier die Anforderung 356dpi/ppi.

Aktivieren Sie in der Kategorie [Bildkomprimierung] „Bildkomprimierung aktivieren".

Wählen Sie die nachfolgenden Einstellungen wie in der Abbildung aufgezeigt.

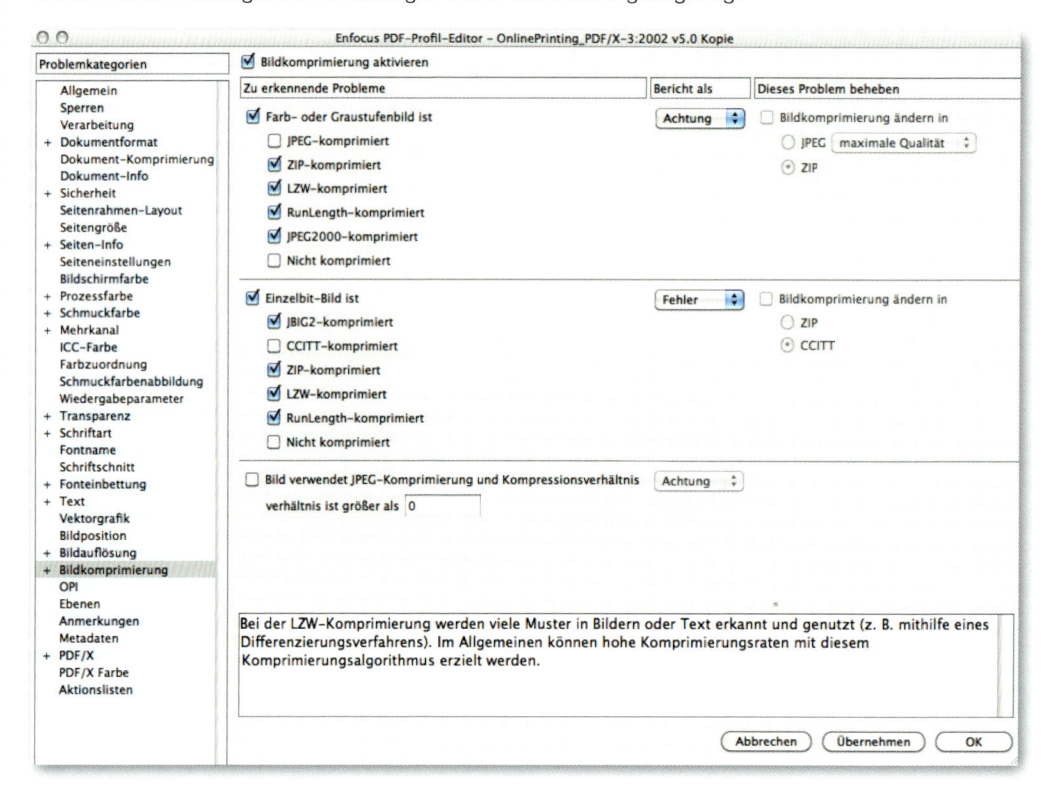

● **Komprimierungsarten**
Komprimierungsfehler!

INFO

Vermeiden Sie in Ihren Daten die JPEG2000-Komprimierung. Bei diesem Komprimierungsverfahren ist Vorsicht geboten, da hier Fehler an der Tagesordnung sind. Dies liegt jedoch meist am Workflow der Druckerei und nicht am Kunden selbst.

Aktivieren Sie in der Kategorie [OPI] „OPI aktivieren".

Wählen Sie die nachfolgenden Einstellungen wie in der Abbildung aufgezeigt.

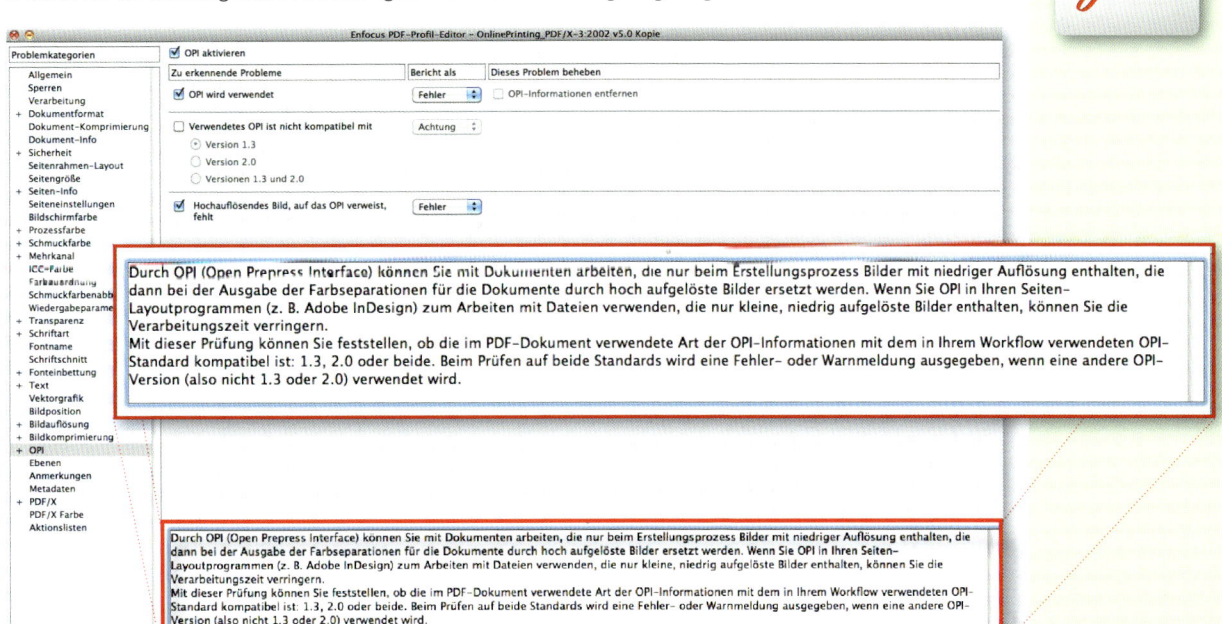

INFO

OPI (Open Prepress Interface) ist im PDF/X(-3:2002)-Standard **nicht erlaubt**, denn hier müssen alle Bilder vollkommen eingebettet sein. Die Verknüpfung beziehungsweise die Information darüber, „wo" (Dateipfad) Sie auf Ihrer Festplatte zuhause die „richtige" (Feindatei) aufbewahren, hilft der Druckerei leider nicht viel.

Glück im Unglück wäre, dass zumindest eine niedrig aufgelöste „Grobansicht" (Vorschau) im Dokument ist. So ist es in den meisten Fällen doch noch rechtzeitig möglich, den Kunden zu informieren.

Aktivieren Sie in der Kategorie [Ebenen] „Ebenen aktivieren",
unter „Zu erkennende Probleme" aktivieren Sie „Dokument enthält Ebenen"
und unter „Bericht als … " wählen Sie „Fehler".

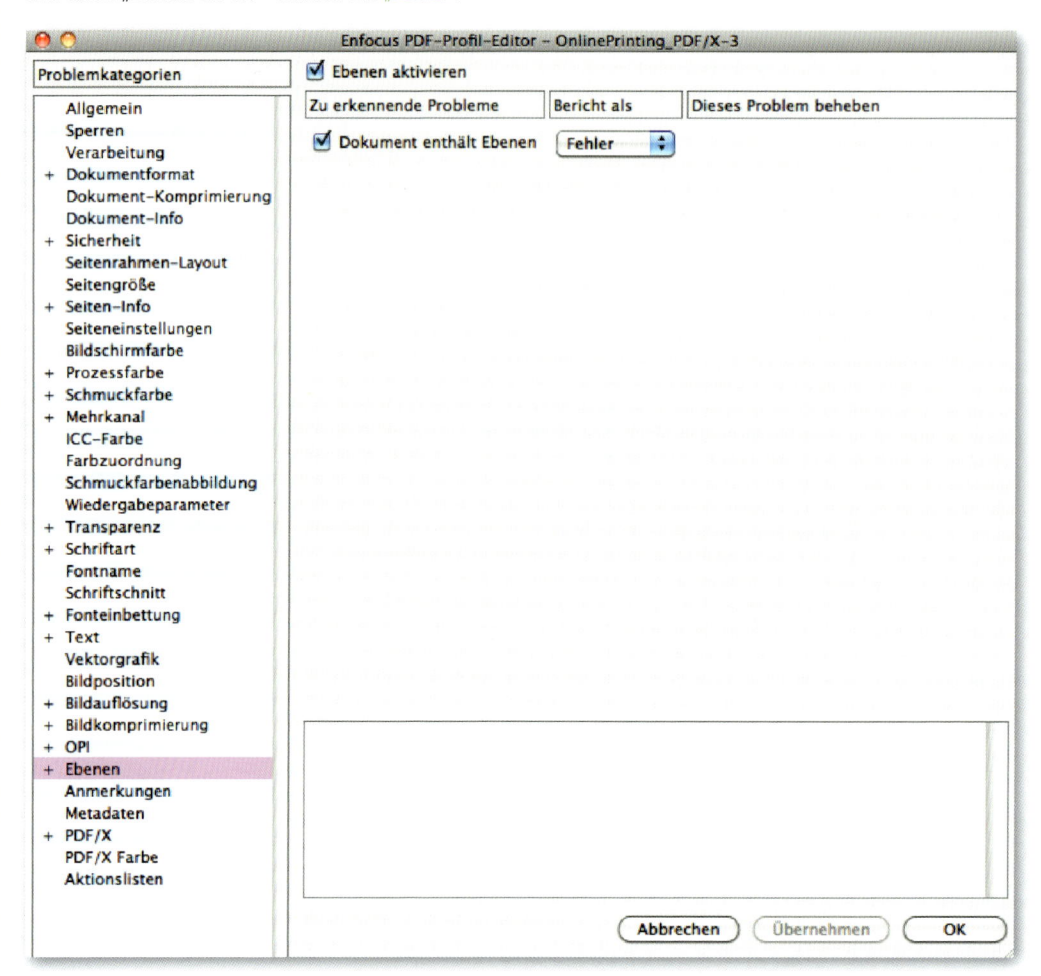

INFO

Ebenen haben im PDF/X(-3:2002)-Standard PDF-Version 1.3 nichts verloren. Die Onlinedruckereien werden diese über ihren Workflow entfernen. Dadurch kommt es häufig vor, dass Inhalte nicht mitgedruckt werden.

Photoshop-PDFs haben hier die Nase vorn und sind ein echter Klassiker!

Aktivieren Sie in der Kategorie [Anmerkungen] „Anmerkungen aktivieren",
unter „Zu erkennende Probleme" aktivieren Sie „Dokument enthält Anmerkungen vom Typ"
und unter „Bericht als … " wählen Sie „Fehler".

Wählen Sie die nachfolgenden Einstellungen wie in der Abbildung aufgezeigt.

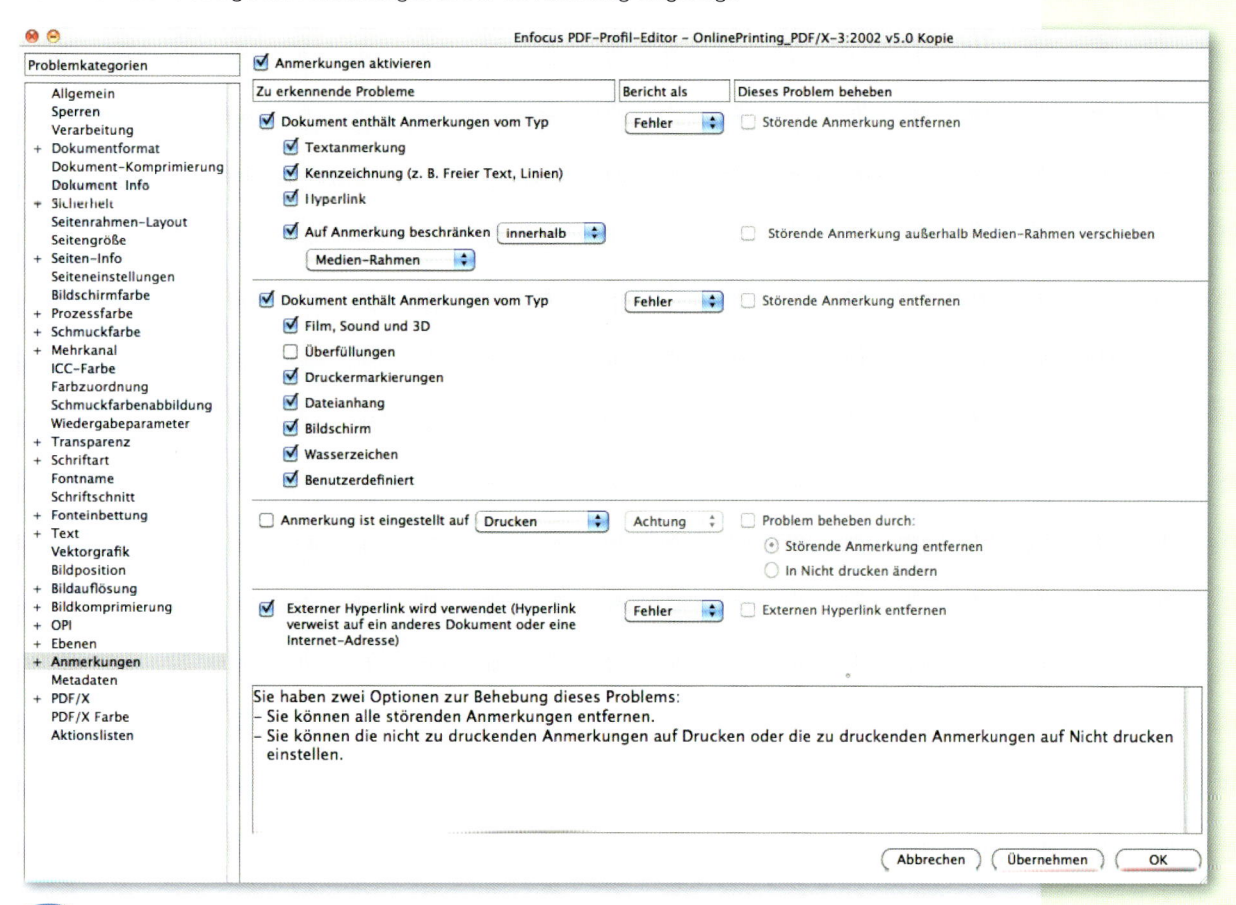

INFO Selbstverständlich haben Anmerkungen oder andere Inhalte in Form von Soundfiles, Filmen und 3D-(Flash-) Animationen nichts in einem Druck-PDF verloren – wie, bitte schön, soll das im Druck auch dargestellt werden?

In der Praxis sind manchmal seltsamerweise gerade neu angelieferte Nachdruckdaten aufgrund von Kundenreklamationen durchaus mit solchen Inhalten ausgestattet.

Aktivieren Sie in der Kategorie [Metadaten] „Metadaten aktivieren",

Wählen Sie die nachfolgenden Einstellungen wie in der Abbildung aufgezeigt.

INFO

In den meisten Fällen sehen Kunden ungewollte Formularfelder nicht gleich nach dem Öffnen in ihrem PDF. Diese treten häufig erst im Druck wieder in Erscheinung und zwar meistens in Form von angelegten und vergessenen leeren Rahmen oder feinen Linien.

Aktivieren Sie in der Kategorie [PDF/X] „PDF/X aktivieren",
unter „**Zu erkennende Probleme**" aktivieren Sie „Dokument ist nicht kompatibel mit PDF/X-3:2002"
und unter „**Bericht als … "** wählen Sie „Achtung".

INFO

In nicht wenigen Fällen ist **kein** PDF/X-3:2002-Standard notwendig, um ein sauber und korrekt gedrucktes Produkt zu erhalten.

Ich rate aber eindringlichst von nicht PDF/X-konformen PDFs ab, vor allem im Onlinedruck!

In der Kategorie [PDF/X Farbe] aktivieren Sie „PDF/X Farbe aktivieren",
unter „**Zu erkennende Probleme**" „Output Intent entspricht nicht PDF/X-3:2002 Anforderungen",
„**ICC-Profil …** " ist nicht „ISO Coated v2 300% (ECI)"
und unter „**Bericht als …** " wählen Sie „Fehler".

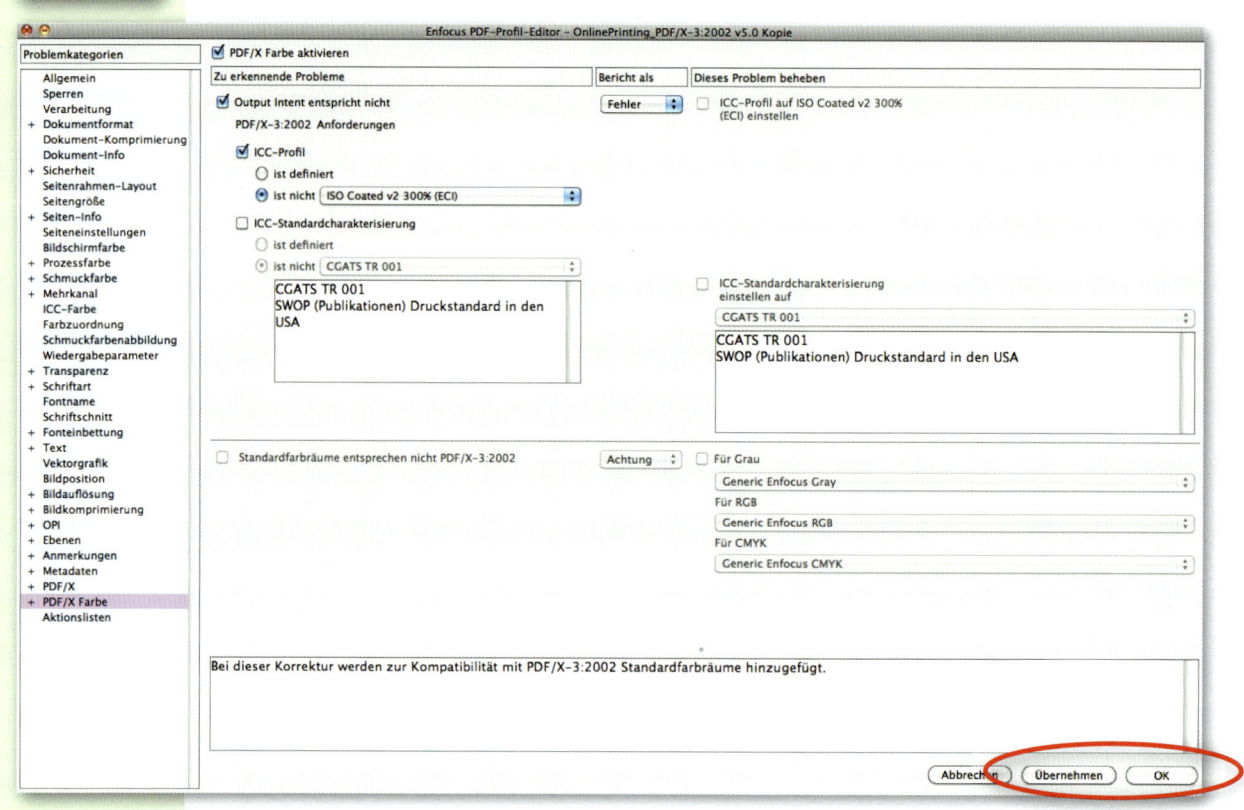

Klicken Sie auf den Button „Übernehmen", dann auf „OK".

Die Kategorie [Aktionslisten] belassen Sie vorerst unberührt.

Ohne Output Intent bekommen Sie kein X-3, und mit falschem Output Intent werden Sie unter anderem keine korrekte Farbwiedergabe erreichen. Aus gutem Grund sind Farbprofile bestimmten Papiersorten und auch Druckarten (z. B. Rollenoffset, Bogenoffset..) zugeordnet.

Als nächstes klicken Sie, im Enfocus PDF-Profil-Editor unten rechts auf den Button „Übernehmen" dann auf „OK". Hiermit haben Sie Ihr eigenes Prüfprofil erstellt und abgespeichert.

Im noch geöffneten Enfocus PDF-Profilfenster wird nun Ihr „neues" Prüfprofil unter „Lokale PDF-Profile" aufgezeigt.

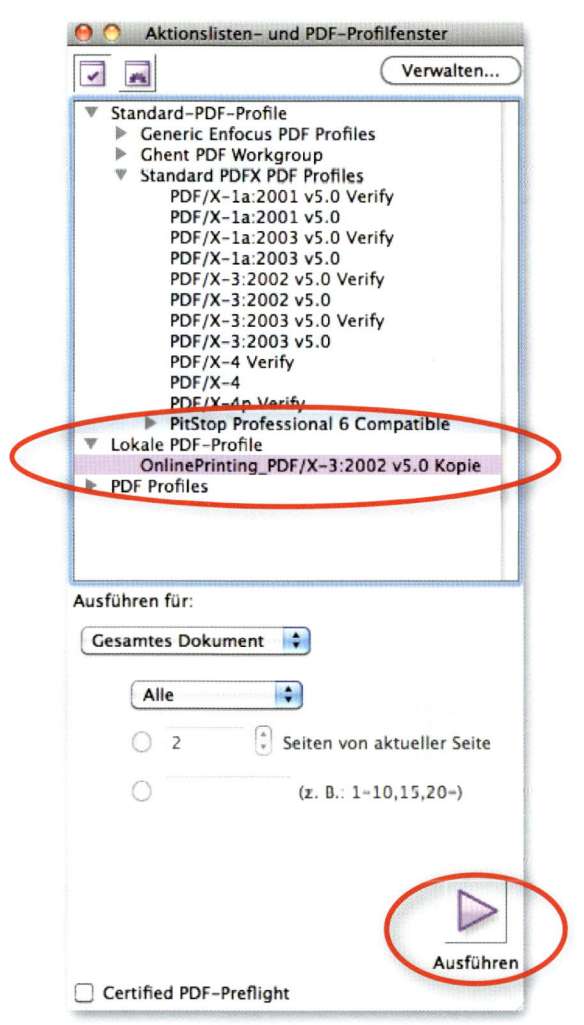

In der Abbildung links ist es das soeben angelegte PDF-Prüfprofil „OnlinePrinting_PDF/X-3:2002 v5.0 Kopie".

Öffnen Sie nun ein PDF-Dokument Ihrer Wahl und überprüfen Sie die Funktionalität Ihres soeben erstellten PDF-Prüfprofils. Wählen Sie Ihr erstelltes PDF-Prüfprofil aus und klicken Sie auf [Ausführen].

Der nun geöffnete Prüfbericht zeigt, je nach Fundstellen, unten angeführtes Bild …

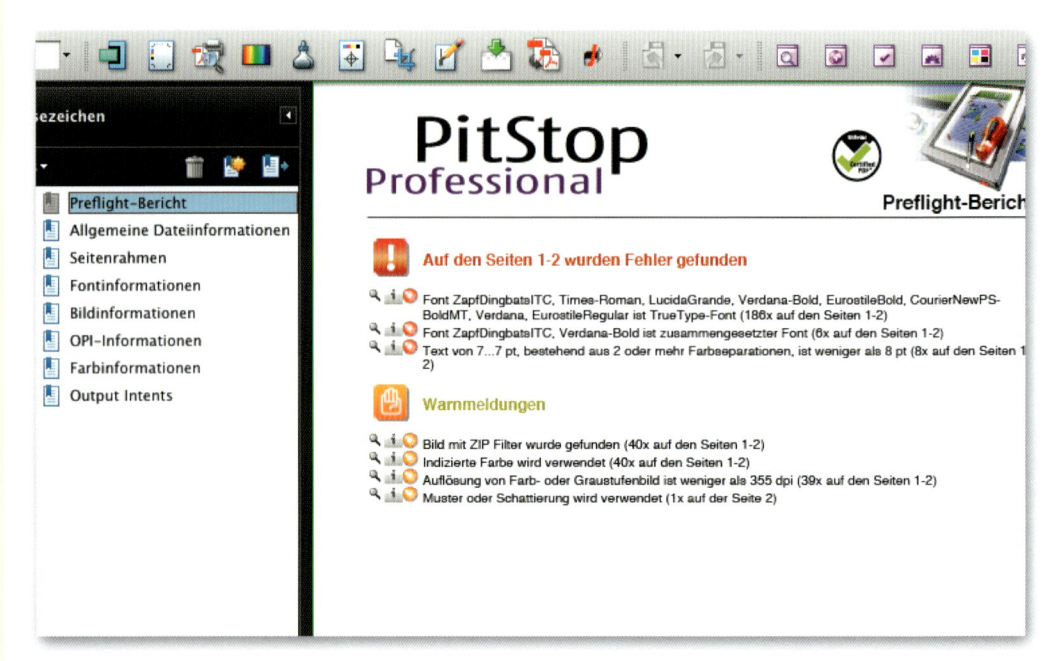

● **Fehler!**
Sind ein definitives „NO GO"!

● **Warnmeldungen!**
Es besteht die Möglichkeit eines „qualitativ verminderten" Druckes.

Rotes Ausrufezeichen – FEHLER!
Bei gefundenen Fehlern provozieren Sie definitiv Druckfehler in Ihrem Dokument! Diese sind auf jeden Fall vor einem Druck zu korrigieren, denn hier übernimmt eine Onlinedruckerei keine Gewährleistung.

Orangene Hand – Warnmeldungen!
Die angezeigten Warnmeldungen weisen uns auf einen möglichen „qualitativ verminderten" Druck hin. Möglich deshalb, da Sie erst noch kontrollieren müssen, wie weit etwa die Auflösung der Bilder unter dem geforderten Wert liegt.

Es ist möglich, dass Sie keinen Preflight Bericht angezeigt bekommen, dafür aber den PitStop-Navigator. Lassen Sie sich dadurch nicht verwirren und schließen den PitStop-Navigator.

Wählen Sie nun über die Acrobat Menüleiste [Zusatzmodule/Enfocus PitStop Professional/Enfocus PitStop Professional Grundeinstellungen …].

Unter der **Kategorie** [Verarbeitung] „Ergebnis wird gesucht … "
„Nach der Verarbeitung:" wählen Sie „Preflight-Bericht anzeigen" und
„Berichtstil:" „Normal"

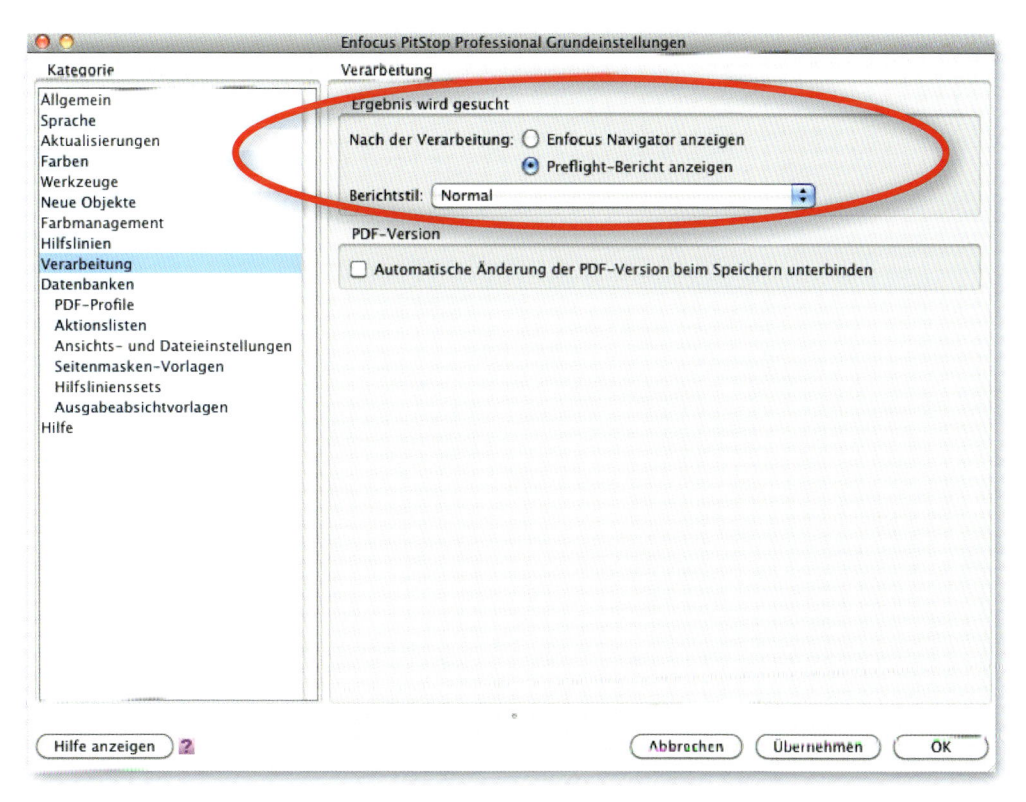

● **Menü-Pfad**
Auch zu finden über: Acrobat/Voreinstellungen/ Enfocus PitStop Professional Grundeinstellungen …

Damit stellen Sie sicher, dass immer, wenn eine Prüfung oder Korrektur durchgeführt wurde, ein Preflight-Bericht angezeigt wird.

Da Sie sich schon in den Enfocus PitStop Professional Grundeinstellungen befinden, nehmen wir noch eine kleine Einstellung für die Anzeige des Prüfberichts vor. In unserem Prüfbericht wird nämlich, unter „Seitenanzeige", die **Maßeinheit** in **Punkten** beziehungsweise **Pica** angezeigt. Diese stellen wir nun auf eine **metrische Maßeinheit** um.

Wählen Sie unter der **Kategorie** „Allgemein" „**Maßeinheiten**" „Millimeter" aus.

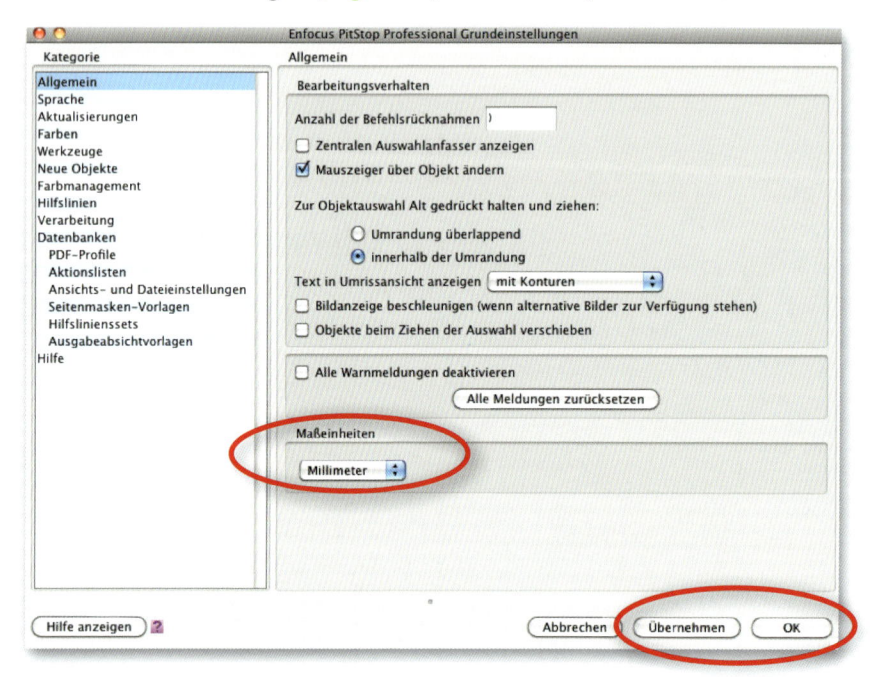

● **Maßeinheiten**
   Millimeter

Klicken Sie auf den Button „Übernehmen", dann auf „OK".

In der Abbildung unten sehen Sie im Preflight-Bericht nun die eingestellte Anzeige der Maßeinheiten in Millimeter.

3.3 PitStop 8 „QuickRun für PDF-Prüfprofil erstellen"
Als nächstes legen Sie Ihr Prüfprofil in Form eines „QuickRun" an.
Der „QuickRun" hilft Ihnen unter anderem, das Prüfprofil mit nur einem Klick auszuführen – also ohne jedesmal vorher über die Menüleiste das Prüfprofilfenster aufrufen zu müssen.

Sie finden das Optionsfenster zur Konfiguration eines QuickRuns in der PitStop **Werkzeugleiste** oder über den **Acrobat Menü Dialog**
[Zusatzmodule/Enfocus PitStop Professional/Enfocus QuickRuns/Enfocus QuickRun konfigurieren …].

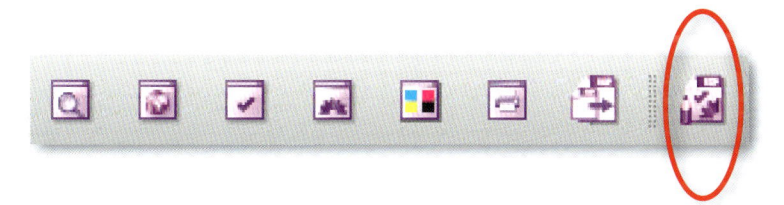

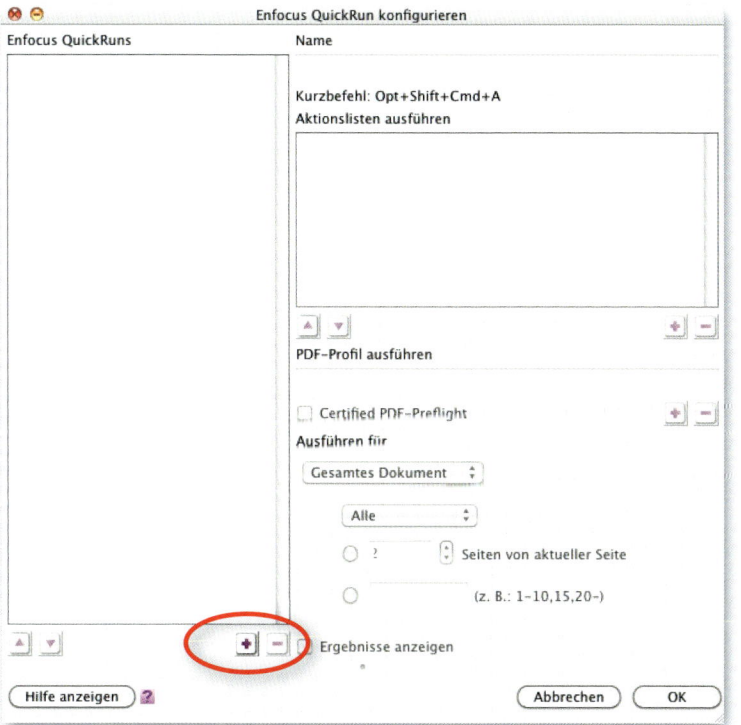

Das Dialogfenster öffnet sich.

● „One Click"-Check

● **Menü-Pfad**
Zusatzmodule/Enfocus PitStop Professional/Enfocus QuickRuns/Enfocus Quick-Run konfigurieren …

● **QuickRun hinzufügen**
Klicken Sie auf das in der Abb. links rot eingekreiste „+"

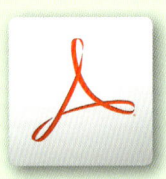

● PDF-Profil ausführen

Nun erscheint unter „Enfocus QuickRuns" „1 ‹ Ohne Titel ›"

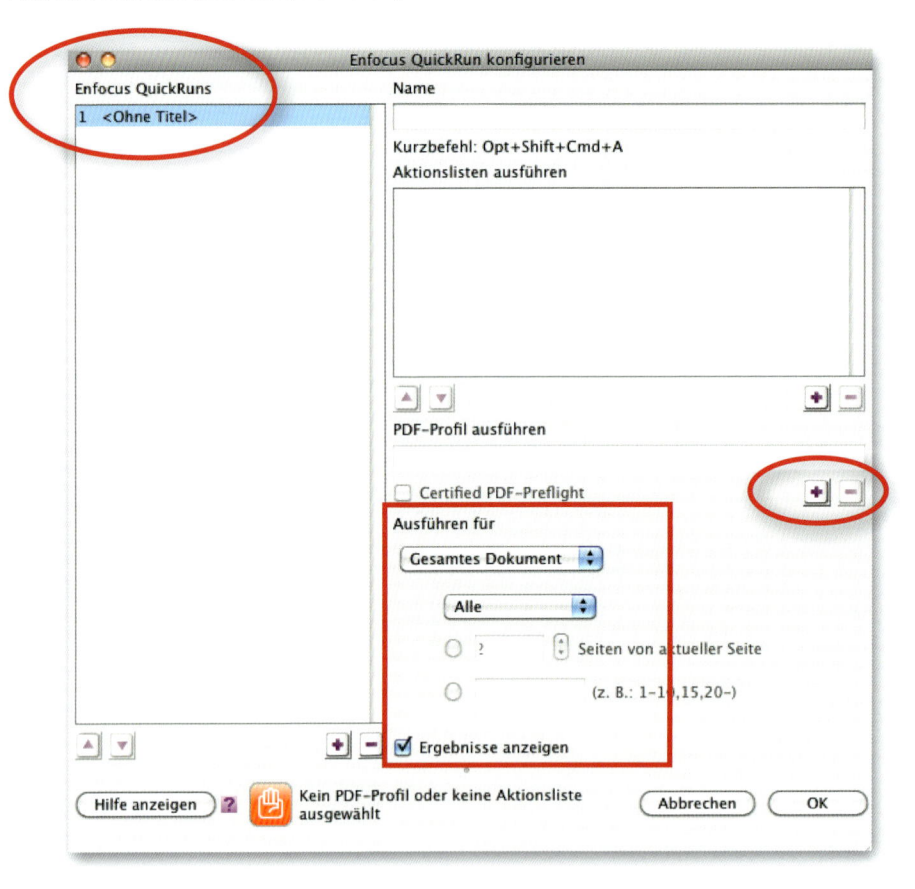

Achten Sie darauf, dass, wie in der Abbildung oben aufgezeigt, unter
„**Ausführen für …** " „Gesamtes Dokument … " „Alle" ausgewählt ist.

Stellen Sie auch sicher, dass Sie einen „Haken" bei „**Ergebnisse anzeigen**" haben.

Um nun unser eigenes PDF-Prüfprofil in den QuickRun zu bekommen, klicken Sie auf das in der Abbildung oben rot eingekreiste „+".

Den darauf folgenden Dialog finden Sie auf der nächsten Seite.

In dem nun erscheinenden Fenster **[PDF-Profil auswählen]** klicken Sie auf „Aus Datenbank" und wählen unter **„Lokale PDF-Profile"** Ihr erstelltes PDF-Prüfprofil aus.

In der Abbildung unten ist es „OnlinePrinting_PDF/X-3:2002 v5.0 Kopie".

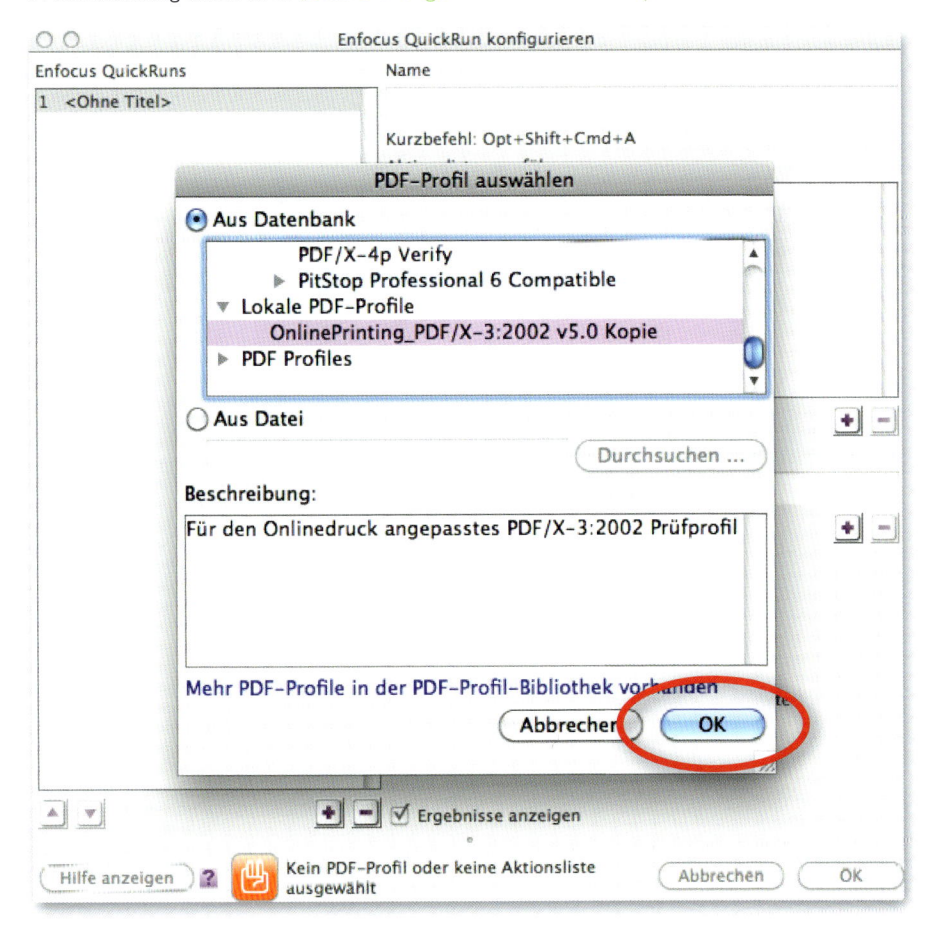

● PDF-Profil hinzufügen

Wählen Sie Ihr eigenes PDF-Prüfprofil aus und bestätigen Sie die Auswahl mit „OK".

Nach der bestätigten Auswahl ist das PDF-Prüfprofil im QuickRun hinterlegt (siehe Abb. unten).

● **PDF-Profil ausführen**
Ihr eigenes PDF-Prüfprofil ist nun unter „PDF-Profil ausführen" hinterlegt.

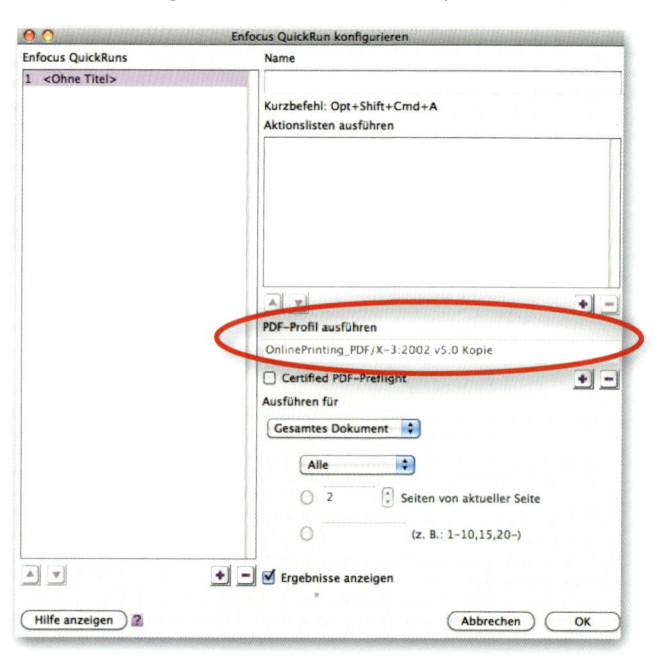

● **QuickRun Name**

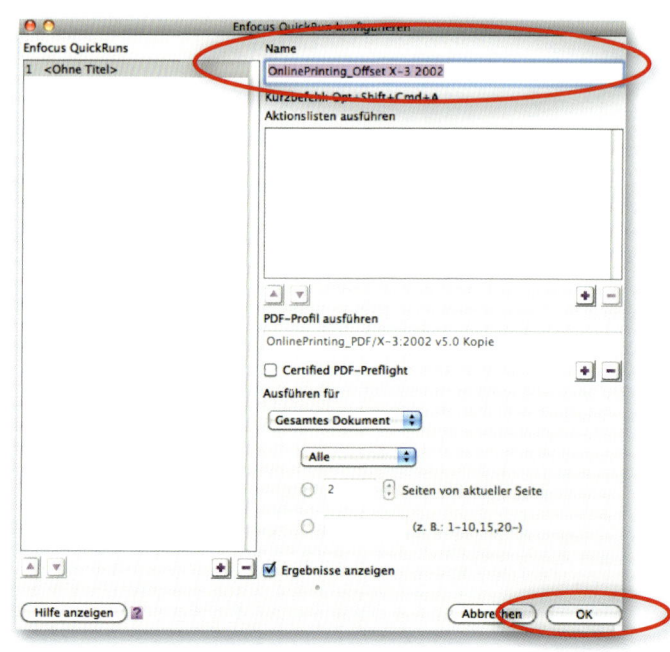

Geben Sie unter „Name" dem QuickRun einen Namen.
Dieser **muss nicht identisch** mit dem vorher hinterlegten Profil sein. Links im Beispiel ist der QuickRun benannt mit „**OnlinePrinting_Offset X-3 2002**".

Bestätigen Sie nun Ihre Eingabe mit „OK".

Nach der bestätigten Eingabe verschwindet das **[Enfocus QuickRun konfigurieren]**-Fenster und in der **PitStop Werkzeugleiste** ist nun ein „neuer" QuickRun-Button aufgetaucht (siehe Abbildung unten).

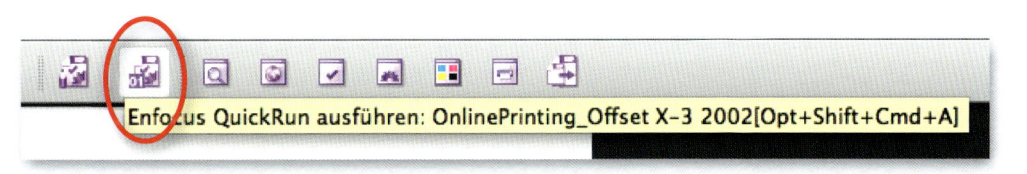

● One Click Check!

Der angelegte QuickRun hat die Nummer [01].
Wenn Sie mit der Maus etwas länger über dem soeben angelegten QuickRun verweilen (ohne jedoch auf den QuickRun zu klicken..) wird Ihnen der hinterlegte Namen des QuickRuns angezeigt (siehe Abb. oben, gelber Balken mit Text).
Mit diesem QuickRun können Sie nun ohne umständliches Aufrufen des Enfocus PDF-Profilfensters ein gewünschtes PDF dieser Überprüfung unterziehen.

Es gibt noch weitere sinnvolle Anwendungen für QuickRuns. Einer davon wollen wir hier noch etwas Aufmerksamkeit schenken.

3.3 PitStop 8 „QuickRun für Aktionslisten erstellen"

„Was sind Aktionslisten?"

„ … Es gibt einige Arbeitsschritte, die Sie mehrmals in einem einzelnen PDF-Dokument oder in mehreren PDF-Dokumenten durchführen möchten. Um die Ausführung wiederkehrender Arbeitsschritte zu erleichtern, können Sie mehrere Arbeitsschritte in einer Aktionsliste auch als Gruppe zusammenfassen. Nach dem Erstellen einer Aktionsliste kann diese wieder verwendet werden. In PitStop Professional werden die betreffenden Arbeitsschritte dann in der festgelegten Reihenfolge automatisch ausgeführt."

INFO!
Die Beschreibung der Aktionslisten ist der PitStop8 HTML-Hilfe entnommen.

Wir werden nun in PitStop vorhandene, einzelne Aktionen auswählen und diese in Form von QuickRuns anlegen. Selbstverständlich ist es möglich, mehrere Aktionen zu einem QuickRun zusammenzulegen, diesen Schritt kann ich Ihnen aber erst nach einer „gewissen Erfahrung" mit dem Umgang und der Analyse des Prüfberichts empfehlen.

Achtung! – Hinweis:
Ich möchte Sie daran erinnern, dass Sie damit immer in die Kundendatei eingreifen und damit rechnen müssen, dass dadurch auch unerwartete Veränderungen in Erscheinung treten können.

● **Menü-Pfad**
Zusatzmodule/Enfocus PitStop Professional/Enfocus QuickRun konfigurieren

Nachfolgend legen wir eine PitStop „Aktion" in Form eines „QuickRuns" an.
Der „QuickRun" hilft uns, wie bereits schon auf das Prüfprofil angewendet, mit nur einem Klick die „Aktion" auszuführen – also ohne jedesmal vorher über die Menüleiste das „Aktionslisten- und PDF-Profilfenster" aufrufen zu müssen.

Öffnen Sie das Optionsfenster zur Konfiguration eines QuickRuns in der **PitStop-Werkzeugleiste** (siehe Abbildung hier unten).

Nun öffnet sich das **[Enfocus QuickRun konfigurieren]**-Fenster.

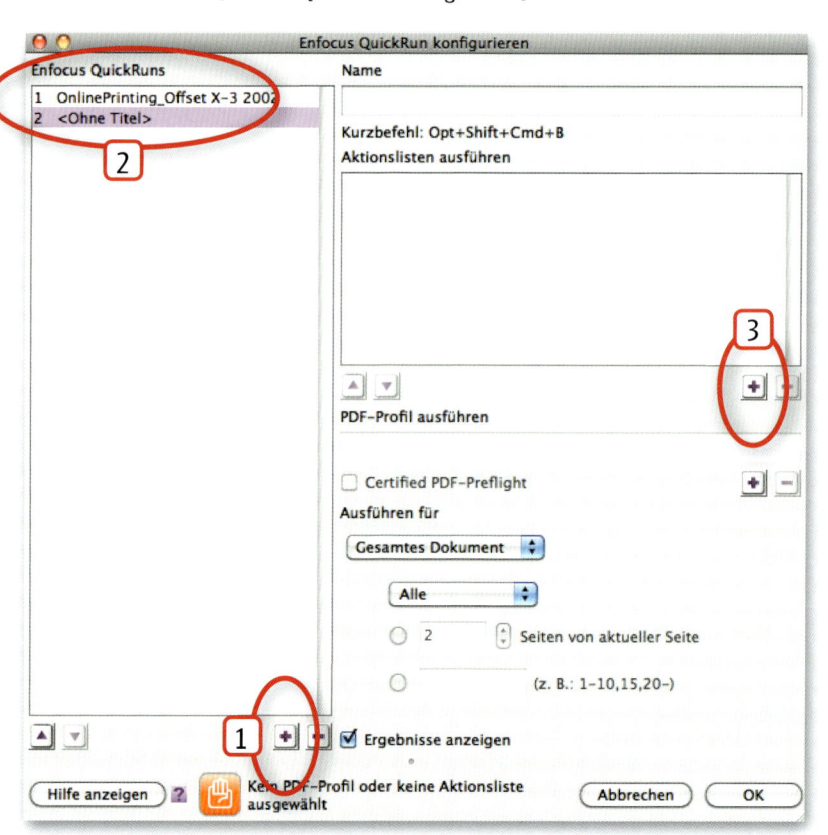

● **QuickRun konfigurieren**
1. Um einen QuickRun hinzuzufügen, klicken Sie nun auf das rot eingekreiste „+" rechts unten in der Abbildung
[1]

2. Unmittelbar nach dem Klick auf das „+" (1) erscheint in der linken Spalte der Abbildung unter „Enfocus QuickRuns", direkt unter dem Namen unseres bereits angelegten QuickRun „1" der neue **QuickRun „2" „‹ Ohne Titel ›"**
[2]

3. Fügen Sie nun die „**Aktion**" dem QuickRun hinzu, indem Sie auf das rot eingekreiste „+" klicken.
[3]

Die erste Aktion soll uns **alle** im PDF-Dokument vorhandenen **Schriften in Kurven/Pfade konvertieren**.

Wählen Sie dazu im Fenster **[Aktionlisten auswählen]** innerhalb der „Standard-Aktionslisten" „**Fonts**" aus (Abbildung unten). Nachdem Sie hier auf den grauen Pfeil geklickt haben, wählen Sie „Convert all text to outlines" aus.

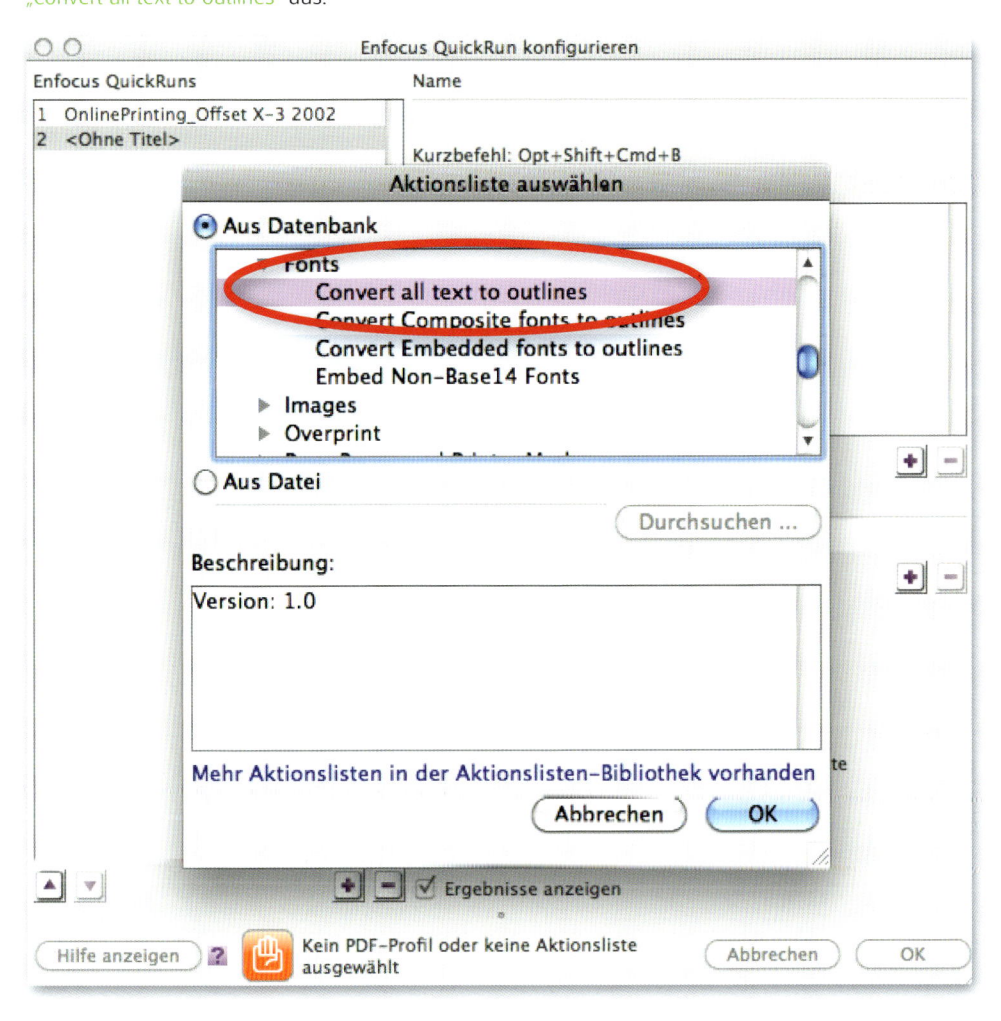

● **Aktion 1**
Alle Schriften zu Kurven/Pfade konvertieren

Bestätigen Sie die Auswahl „**Convert all text to outlines**" mit einem Klick auf den Button „OK"

● **Aktion 1**
Alle Schriften zu Kurven/Pfade konvertieren

● **Aktion benennen**
Geben Sie nun dem Kind einen Namen und bestätigen die angelegte Aktion mit einem Klick auf den Button „OK".

● **Aktion 2**
Fügen Sie selbständig die Aktion „**Remove OPI**" im Fenster [Aktionsliste auswählen] innerhalb der „**Standard-Aktionslisten**" unter „**Prepress General**", dem QuickRun hinzu.

● **QuickRun [02]**
Die erste Aktion aus der Aktionsliste ist nun dem QuickRun [02] hinterlegt

● **Textkontrolle**
Informationen können fehlen! Dieser „Fehler" ist auch reproduzierbar.

Das Fenster [Aktionlisten auswählen] schließt sich und die ausgewählte „Aktion" wird nun unter „Aktionslisten ausführen" angezeigt.

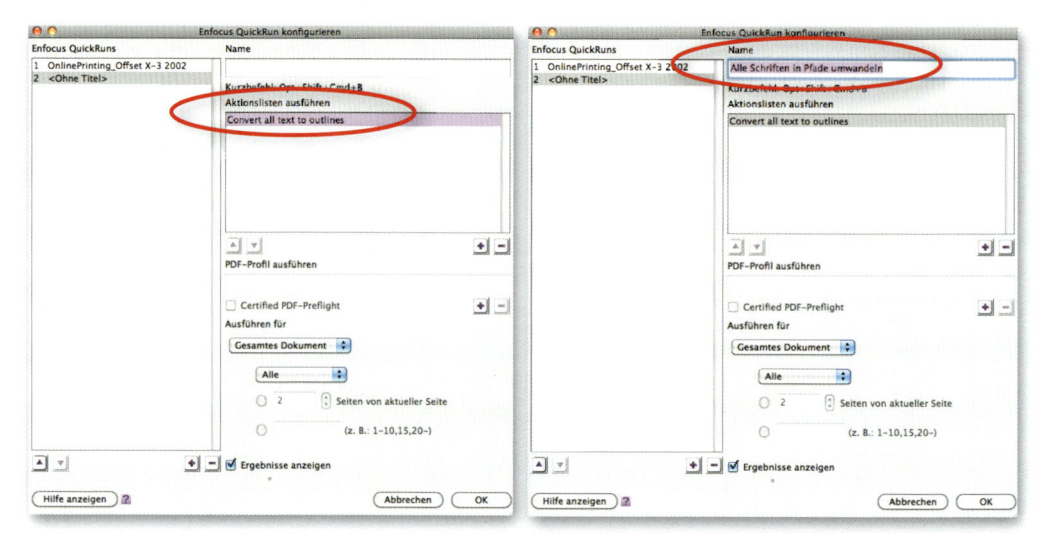

Nach der bestätigten Eingabe verschwindet das Fenster [Enfocus QuickRun konfigurieren] und in der PitStop-Werkzeugleiste ist nun der „zweite" QuickRun-Button [02] aufgetaucht (siehe Abb. hier unten).

Unser angelegter QuickRun hat die Nummer [02].
Wenn Sie mit der Maus etwas länger über dem soeben angelegten QuickRun verweilen (ohne jedoch auf den QuickRun zu klicken..) wird Ihnen der hinterlegte Name des QuickRuns angezeigt (siehe Abbildung oben, gelber Balken mit Text).
Mit diesem QuickRun können Sie nun ohne umständliches Aufrufen des „Aktionslisten- und PDF-Profilfenster" alle Schriften zu Kurven konvertieren.

Achtung! – Hinweis:
Kontrollieren Sie unbedingt, nachdem Sie die Schriften konvertiert haben, den Textinhalt des PDF-Dokuments! Es tritt sehr häufig auf, dass gerade am Ende eines im Dokument angelegten Textrahmens die letzte Zeile fehlt.

Meines Erachtens nach spielt es hierbei keine Rolle, mit welcher Software Sie die Schriften konvertieren, denn die Ursache hierfür legt der „User" bereits selbst im Layout- bzw. Satzprogramm.

3.4 PitStop 8 „Der Preflight Bericht"

Wenden wir uns nun den Fundstellen im PitStop Preflight Bericht zu.

Nachfolgend zum Einstieg, noch einmal die Standard-Ansicht und die grundlegende Interpretation der Symbole im Bericht. Auf diese Informationen baut die Auswertung und Analyse, sowie die eventuell darauffolgende Fehlerkorrektur auf.

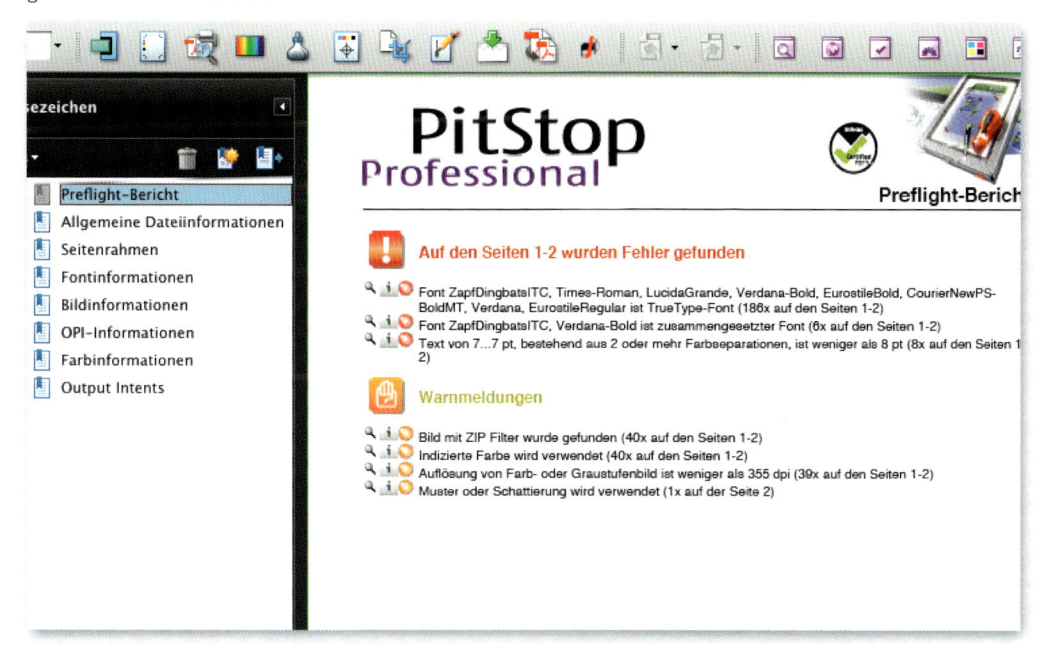

Rotes Ausrufezeichen – FEHLER!
Bei gefundenen Fehlern provozieren Sie definitiv Druckfehler in Ihrem Dokument! Diese sind auf jeden Fall vor einem Druck zu korrigieren, denn hier übernimmt eine Onlinedruckerei keine Gewährleistung.

Orangene Hand – Warnmeldungen!
Die angezeigten Warnmeldungen weisen uns auf einen möglichen „qualitativ verminderten" Druck hin. Möglich deshalb, da Sie erst noch kontrollieren müssen, wie weit z. B. die Auflösung der Bilder unter dem geforderten Wert liegt.

● **Fehler!**
Sind ein definitives „NO GO"!

● **Warnmeldungen!**
Es besteht die Möglichkeit eines „qualitativ verminderten" Druckes.

Über ...
die häufigsten Reklamationen durch fehlerhafte Datenanlieferung

Im folgenden Kapitel werden ausschließlich die häufigsten Reklamationsgründe, aufgrund fehlerhafter Datenanlieferung des Kunden, die im Onlinedruck auftreten zusammengefasst und vereinfacht erläutert. Selbstverständlich treten diese Reklamationen auch in klassischen Druckereibetrieben auf - nur nicht in dieser Masse und auch nicht in dieser sehr ausgeprägten Form. Denn im Onlinedruck geht es um eine komplett andere Platzierungsart der Aufträge auf dem Druckbogen. Die dadurch resultierenden Probleme sind nicht mit der Sammelform einer klassischen Druckerei vergleichbar und werden komplexer je größer die Druckbogenform wird.

Aus diesem Grund gilt es im Onlinedruck grundsätzlich, Kundendaten in „komplexen" Dateiformaten zu vermeiden - oder was glauben Sie warum Sie in den meisten Fällen kein EPS-Format und in allen Fällen keine komplette Satzdatei für den Onlinedruck bereitstellen dürfen? Komplette Satzdaten mit allen verwendeten Fonts, Bildern und Profilen wie Sie standardmäßig im klassischen Druckereigewerbe üblich waren, sind durch die Standardisierung von OnlinePrint-Produkten bei dieser Art des Drucks einfach verschwunden - schon mal aufgefallen?

Hieraus resultieren die kontinuierlich auftretenden Fragen von Kunden, die nicht ausschließlich grafische Laien sind und das günstige Angebot des Onlinedrucks nutzen möchten.

Die häufigsten Reklamationen durch fehlerhafte Datenanlieferung

Platz 1 - Die Farbigkeit

1.1 Die Farbe beziehungsweise die Farbwirkung des gelieferten Produkts stimmt nicht mit der an die Onlinedruckerei gelieferten Druckdatei überein

1.2 Erklärungen zu den Fachbegriffen
- RGB
- CMYK
- Druckproduktangaben
- Sonderfarben
- ICC-Farbprofil
- Farbauftrag

Platz 2 - Ungeeignetes Dateiformat

2.1 Das angelieferte Dateiformat ist nicht, oder nur bedingt verwendbar.
- Was ist ein Dateiformat?
- JPEG (+JPEG 2000)
- TIFF
- PDF

Platz 3 - Die Bildauflösung

3.1 Die Bildauflösung der Datei ist zu gering
- Rasterweite und Bildauflösung
- Interpolation

Platz 4 - Falsche Abmessungen

4.1 Das angelieferte Datenformat stimmt nicht mit dem bestellten Produkt überein

- Datenformat
- Endformat

Platz 1 – Die Farbigkeit

1.1 Die Farbe, beziehungsweise die Farbwirkung, des gelieferten Produkts stimmt nicht mit der an die Onlinedruckerei gelieferten Druckdatei überein.

Solche und ähnliche Gespräche können Sie tagtäglich in einer Onlinedruckerei miterleben:

Kunde: Guten Tag, ich möchte bei Ihnen eine Reklamation einreichen und von Ihnen einen kostenlosen Nachdruck haben, die Datei haben Sie ja bereits vorliegen.
Onlinedruckerei: Um was für eine Reklamation handelt es sich?
Kunde: … der von Ihnen gelieferte Flyer hat ganz andere Farben, als die Datei die ich Ihnen zu diesem Auftrag hochgeladen habe.
Onlinedruckerei: Ok. Aber könnten Sie hier bitte etwas genauer darauf eingehen?
Kunde (absolut siegessicher..): … nun, ich halte Ihren gelieferten Flyer gerade neben meine angelegte Datei am Monitor und da siehts vollkommen anders aus … , viel heller und bunter!
Onlinedruckerei (sieht im Auftrag nach und kontrolliert die gelieferte Datei): Sie haben Ihre Datei in RGB angelegt, obwohl Sie darauf hingewiesen wurden Ihre Druckdaten in CMYK und dem geforderten ICC-Farbprofil anzuliefern. Ihre Reklamation wird leider keinen Erfolg haben.
Kunde (nun gereizt): … was, bitteschön, ist RGB, CMYK und ICC … was? … und wie kann ich das machen??
Onlinedruckerei: … (der Mitarbeiter fällt gerade von seinem Stuhl ;o)

Sie können sich selbst ausmalen, wie lange so ein Gespräch dauern kann. Dies ist aber nur ein klitzekleiner Teil des „**Daily Business**" vieler Mitarbeiter einer Onlinedruckerei.

Nun, CMYK allein reicht meistens nicht aus und eine Onlinedruckerei fordert zusätzlich noch ein ganz bestimmtes CMYK-Farbprofil (ICC-Farbprofil).

Auf den nächsten Seiten folgt daher eine kleine vereinfachte Ausführung über die Farbmodelle **RGB** und **CMYK** sowie über **ICC-Farbprofile**.

1.2 Erklärungen zu den Fachbegriffen

Additives Farbsystem
Es verwendet Kombinationen aus Rot, Grün und Blau, um die Spektralfarben zu erzeugen. Verschiedene, sehr nah beieinander liegende Farbpunkte werden von den Augen nicht getrennt, sondern als Einheit wahrgenommen. Der Sinnesapparat interpretiert in der Folge die Wahrnehmung als „Farbe" – zum Beispiel gelb.

Wenn die drei Primärfarben Rot, Grün und Blau gleich intensiv sind, mischen sie sich zu einem reinen Weiß. Liegen zwei Primärfarben übereinander, so erzeugen sie eine so genannte Sekundärfarbe: Aus Rot und Grün entsteht beispielsweise Gelb.
Ein anderer Name für das additive Farbsystem ist auch RGB-Modell.

Es ist das gängige Farbmodell mit dem selbstleuchtende Ausgabegeräte wie Bildschirme und Beamer, aber auch elektronische Aufnahmegeräte wie Scanner, Digitalkameras und Videokameras arbeiten.

Von RGB gibt es eine Reihe verschiedener Varianten zum Beispiel sRGB.

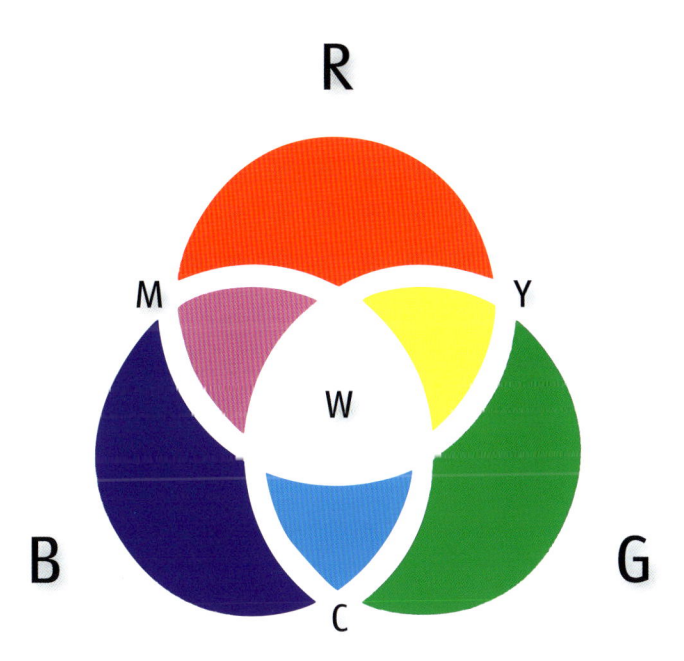

● **RGB-Modell**
Rot-Grün-Blau-Modell

● **Primärfarben**
Jede Lichtfarbe umfasst einen Teil des sichtbaren Spektrums. Durch die Mischung werden Spektralbereiche addiert.
Die Mischfarbe ist dadurch immer heller als die jeweiligen Ausgangsfarben. In der Summe ergeben alle Lichtfarben Weiß.

● **Additive Farbmischung**
(Lichtfarben)

● **CMYK**
Cyan-Magenta-Yellow-Key Colour

● **Skalenfarben**
sind die im Mehrfarbendruck eingesetzten Druckfarben.

● **Subtraktive Farbmischung**
(Körperfarben)

Subtraktives Farbsystem

Diese Farbmischung hat mit selbstleuchtenden Ausgabegeräten weniger zu tun. Sie verwendet Kombinationen aus den Primärfarben **C**yan, **M**agenta, **Y**ellow und **K**ey oder Blac**K** (beide Interpretationen des Buchstaben K werden verwendet).

CMYK sind die Skalendruckfarben des Mehrfarbendrucks. S**ie dienen als Grundlage des Druckvorgangs**.

Schwarz **(K)** dient dabei zur **Kontraststeigerung**.

Wenn diese Farben in gleicher Intensität gemischt werden, **entsteht Schwarz** (da kein richtiges Schwarz erzeugt wird, eher ein Dunkelblau, wird dem System Schwarz zugefügt).

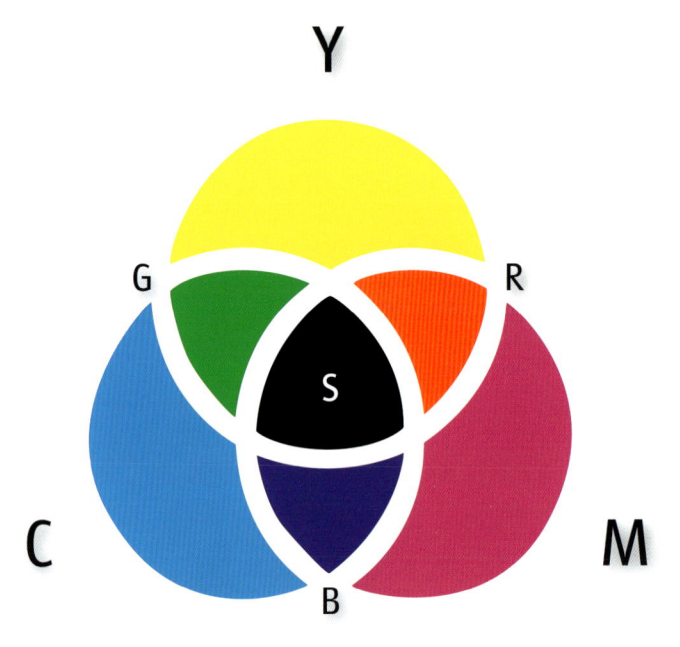

INFO

RGB muss für den Druck in **CMYK**. konvertiert werden. Dieser Vorgang beeinflusst selbstverständlich die Farbwirkung Ihres Produkts. Ein gedruckter Flyer (**CMYK**) leuchtet sicherlich NICHT im abgedunkelten Raum, ein eingeschalteter Monitor (**RGB**) aber schon.

Die Produktangabe 4/4 -farbig
1. Es handelt sich um ein zweiseitig bedrucktes Produkt
2. Vorderseite und Rückseite sind jeweils 4-farbig anzulegen
    - Vorderseite: 4 = C-M-Y-K
    - Rückseite: 4 = C-M-Y-K

Die Produktangabe 4/0 -farbig
1. Es handelt sich um ein zweiseitiges Produkt
2. Vorderseite ist 4-farbig anzulegen
    - Vorderseite: 4 = C-M-Y-K
    - Rückseite. 0 = bleibt unbedruckt (Papierweiß), also ist keine Farbe anzulegen

Die Produktangabe 2/1 -farbig
1. Es handelt sich um ein zweiseitig bedrucktes Produkt
2. Es handelt sich um ein Produkt mit Volltonfarbe, auch Schmuckfarbe oder Sonderfarbe genannt.
    - Vorderseite: 1 (eine) **Sonderfarbe + Prozessfarbe Schwarz (K)**
    - Rückseite: 1 (eine) **Prozessfarbe Schwarz (K)**

Die Produktangabe 2/0 -farbig
Sollte nun klar sein.

Kurz zu den Sonderfarben Pantone und HKS
Pantone: Der gebräuchlichste amerikanische Farbkatalog ist der von Pantone. Die amerikanischen DTP-Programme bieten fast sämtliche Pantone-Farben an.
HKS: In Deutschland gebräuchlich. Mittlerweile wird er von den meisten Programmen angeboten.

Für einen genaueren Überblick über die Sonderfarben empfehle ich Ihnen den Kauf eines Farbfächers.

● **Produkt**
zum Beispiel Briefpapier oder Visitenkarten mit Sonderfarben.

INFO Wenn Sie ein 4/4-farbiges Produkt bestellen, Ihre Datei aber in Sonderfarben angelegt ist, wird eine Onlinedruckerei diese automatisch in CMYK umwandeln bzw. konvertieren. Dieser Vorgang beeinflusst selbstverständlich die Farbwirkung Ihres Produkts und kann ungeahnte Farbabweichung zur Folge haben. **Eine Reklamation ist jedoch ausgeschlossen!**

Wenn Sie Glück haben werden Sie vor dem eigentlichen Druck darüber informiert.

ICC
International Color Consortium

Das ICC-Farbprofil

Mit einem ICC-Farbprofil gibt eine Druckerei ihren Kunden die Information, wie hoch der Tonwertzuwachs für das gewählte Produkt beziehungsweise die gewählte Papiersorte oder den Bedruckstoff ist. Es geht schlichtweg um die (Farb-) Saugfähigkeit einer Papiersorte.

Tonwertzuwachs etwas einfacher erklärt:
Stellen Sie sich bitte ein Löschpapier aus Ihrer Schulzeit vor. Nun nehmen Sie die Tintenpatrone Ihres Füllfederhalters und drücken einen Tropfen Tinte auf das Löschpapier. Was geschieht wenn der Tropfen Tinte auf das Löschpapier trifft? Genau, der Tropfen Tinte wird von dem Löschpapier aufgesogen und die Stelle, auf die die Tinte getropft ist, wird größer, weil sich die Tinte auf dem Löschpapier „ausbreitet". Und wenn Sie Pech haben, breitet die Tinte sich mehr aus, als Ihnen lieb ist.

Tonwertzuwachs
… heißt, dass die Rasterpunkte beim Drucken größer werden, als von ihrem Farbbeziehungsweise Helligkeitswert her optimal wäre. Somit wird das gedruckte Bild dunkler als die digitale Version.

Daten haben ein falsches ICC-Farbprofil

Ein ICC-Farbprofil sorgt beim Anwender dafür, dass nicht mehr Farbe in seiner Datei angelegt wird als die gewählte Papiersorte aufnehmen kann. Für jede einzelne Papiersorte und für jeden Bedruckstoff gibt es auch ein passendes ICC-Farbprofil. Für einen Offsetdruck wird von Onlinedruckereien zum Beispiel das Farbprofil „**ISO Coated v2 300%**" gefordert, es lässt einen maximalen Farbauftrag von ungefähr 300% zu. Für Produkte aus der Werbetechnik ist die Anforderung meist das „FOGRA 27", das bis ca. 355% Farbauftrag zulässt. Das bedeutet, dass der Bedruckstoff aus der Werbetechnik mehr Farbauftrag verträgt, also saugfähiger ist als die Papiersorte im Offsetdruck.

Falsches Farbprofil in den Druckdaten
Der Klassiker in der Onlinedruck-Branche!

Wenn Sie für den Offsetdruck das Farbprofil für ein Werbetechnikprodukt verwenden, kommt mehr Farbe auf das Papier als es optimal wäre und Sie können sehr wahrscheinlich mit einem „zu dunkel" gedruckten Produkt rechnen. Und umgekehrt kann ein Werbetechnikprodukt mit einem Farbprofil mit „zu geringem" Farbauftrag zu einem „blassen" oder „zu hellen" Produkt führen.

Ein Farbprofil wird zum Beispiel bei einem JPEG oder TIFF eingebettet, indem Sie im Speicherdialog der Dateiformate die Checkbox "Farbprofil einbetten" anklicken.
Bei einem PDF(X-3) sieht es hier schon etwas anders aus, denn da wird die Bezeichnung „**Output Intent**" (Ausgabemethodenprofil) verwendet. Dieses „Output Intent" wird dann **durch ein Farbprofil** wie das. „ISO Coated v2 300%" definiert.

Output Intent
Ausgabemethodenprofil

Wie Sie das Output Intent in Form eines Farbprofiles in Ihr PDF einbetten, ist ausführlich im Kapitel „Layout in Adobe InDesign" beschrieben.

INFO Verhältnis von Buntfarben zu Schwarz

Obwohl mit vier Farben gedruckt wird, dürfen nicht 400% Farbe auf dem Papier landen. Es muss also das Verhältnis der Buntfarben (Cyan, Magenta und Gelb) zu **Schwarz** so geregelt werden, dass nicht zu viel Farbe auf das Papier gelangt. Die Bildqualität würde darunter leiden durch Verschmieren der Farbe.

Maximaler Schwarzauftrag:
An sich ist es nicht sinnvoll, den Schwarzauftrag unter 100% zu verringern. Deshalb sollte dieser Wert auf 100% belassen werden.

!Unbedingt Merken!
Eine Software, die kein einstellbares Farbmanagement besitzt, ist definitiv nicht für die Erstellung von hochwertigen Druckprodukten geeignet! Das sind, unter anderem, alle Programme aus dem MS Office Paket!

● **„bedingt verwendbar"**
Es besteht die Möglichkeit eines qualitativ verminderten Drucks

● **Suffix**
z.B.: .jpg, .pdf, .tif

Platz 2 – Ungeeignetes Dateiformat

2.1 Das von Ihnen angelieferte Dateiformat ist nicht, oder nur bedingt verwendbar.

Was ist das Dateiformat?
Das Dateiformat erkennen Sie an der Dateinamenserweiterung, die dem eigentlichen Dateinamen angehängt ist – dem so genannten **Suffix**.

Beispiel: Vorderseite.pdf, Rückseite.pdf

So kann Windows nur Dateien öffnen, die ein passendes Suffix (Dateinamenserweiterung) am Ende des Dateinamens tragen. Das Suffix beginnt mit einem Punkt als Abtrennung zum eigentlichen Dateinamen und kann aus bis zu vier alphanumerischen Zeichen bestehen.
Über das Suffix werden der Dateityp und gegebenenfalls das Erzeugerprogramm festgelegt. Deshalb sollte bei Dateien, die als Druckdaten gelesen werden sollen, unbedingt ein passendes Suffix angefügt werden!

Noch ein paar weitere Einschränkungen sind bei Dateinamen für Windows zu beachten:
Windows 95/98/Me/XP/Vista/Windows 7: Nicht zulässig sind die Zeichen \ / * ? " ‹ › |

VOR dem Upload der Datei: Alle in Windows-Dateinamen nicht zulässigen Zeichen sollten beispielsweise durch Unterstriche ersetzt werden.

Die meisten Onlinedruckereien wünschen die Dateiformate JPG (.jpg), TIFF (.tif) und PDF (.pdf) und diese unterliegen noch zusätzlichen Anforderungen. Alle anderen Dateiformate dürfen nicht als Druckdatei angeliefert werden, da sie grundsätzlich für einen qualitativ hochwertigen Druck nicht verwendbar oder zu komplex (wie zum Beispiel das EPS-Format) sind!

Konzentrieren wir uns auf die geforderten Dateiformate und beginnen mit dem Dateiformat JPEG (.jpg)

Das JPEG
ist ein Dateiformat für komprimierte Pixelbilder.
Das JPEG-Format verringert die Dateigröße von Bilddateien, um diese für die Verwendung im Internet oder für den schnellen Datenaustausch nutzbar zu machen. Es ist keine verlustfreie Komprimierung möglich!

Allerdings sind bei der Komprimierungseinstellung verschiedene Kompressionsgrade bzw. Qualitätsstufen einstellbar. Die Anforderung einer Onlinedruckerei bei diesem Dateiformat ist die Einstellung „**maximale Qualitätseinstellung**" und die sieht im Speicherdialog dieses Dateiformates immer wie folgt aus.

● **JPEG**
Joint **P**hotografic **E**xpert **G**roup

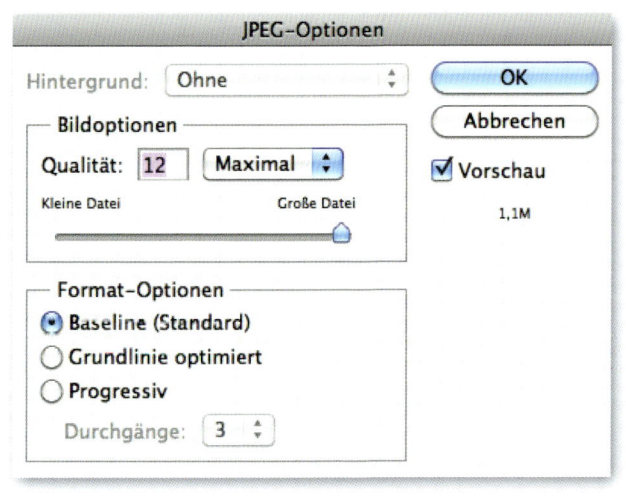

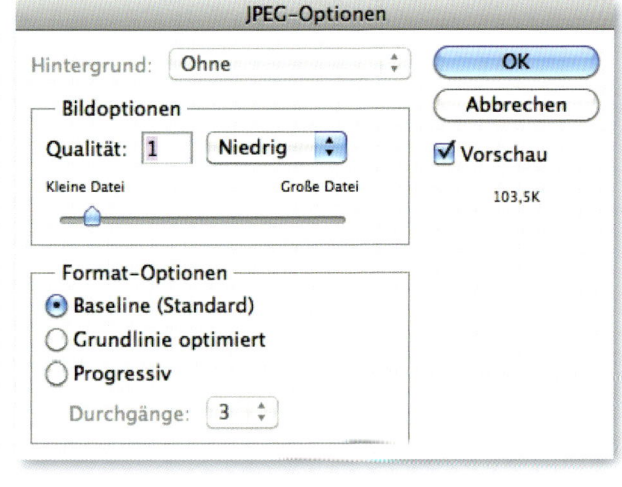

● **JPG**-Bilder werden beim Öffnen automatisch dekomprimiert. Je höher der Komprimierungsgrad (Kleine Datei), desto niedriger die Bildqualität (und umgekehrt).

Abbildung hier oben: Einstellung „**Niedrig**" (Kleine Datei)

Das Exportergebnis mit der Einstellung „Maximal" (Große Datei) ist in der Qualität meistens nicht vom Original zu unterscheiden. Zumindest nicht beim ersten Abspeichern in das JPEG-Format

Bei Bildern mit großen, gleichartigen Mustern oder Flächen kann bei hohem Kompressionsgrad (Kleine Datei) ein Kompressionsmuster erkennbar werden.

Eine weitere Anforderung ist das Abspeichern des JPEG-Formates mit „**Baseline (Standard)**".
Hierbei müssen Sie nur darauf achten, das die gleichbenannte Checkbox unter [Format-Optionen] aktiviert ist.

● **Format-Optionen**
Unbedingt darauf achten, dass „Baseline (Standard)" aktiviert ist!

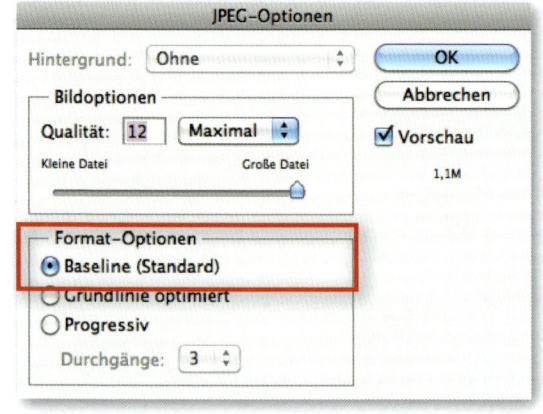

● **Einbetten des Farbprofils**
Achten Sie auch unbedingt auf die aktivierte CheckBox „Farbprofil einbetten: … "!

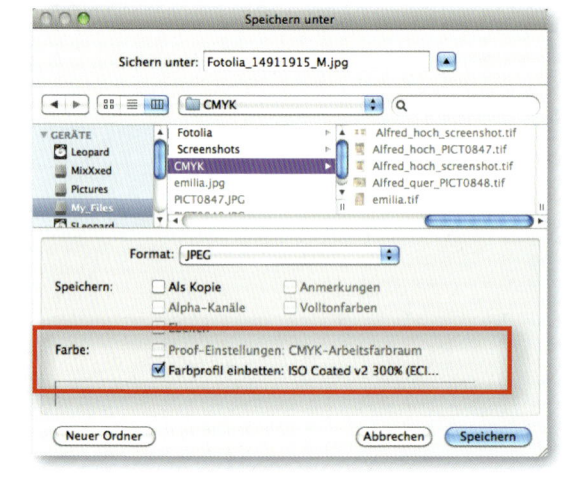

INFO

Egal, mit welchem Satzprogramm oder mit welcher Platzierungssoftware die Druckerei den Druckbogen exportiert, wenn die Baseline (Standard)-Option in der Kundendatei nicht aktiviert wurde, kann es zu einem fehlerhaften Druckbild der Datei auf dem Druckbogen kommen. Dies ist durch ein „**verschobenes**" **Druckbild mit sehr schlechter Farbwiedergabe** des platzierten Kundenauftrags erkennbar.

Meistens ist dieser Fehler bereits auf der exportierten Druckform (dem Druckbogen-PDF) sichtbar – also vor dem eigentlichen Druck. Gute Onlinedruckereien „normalisieren" alle Kundenaufträge vor der Platzierung unter anderem aus diesem Grund. Bei Nichteinhaltung der erläuterten Anforderungen besteht für Sie kein Anspruch auf Nachbesserung in Form eines Nachdruckes oder einer Gutschrift!

Eine „weiterentwickelte" Variante des JPEG-Formates – **das JPEG 2000**, wird von den meisten Onlinedruckereien grundsätzlich abgelehnt. Deshalb führe ich es hier auch nicht weiter aus. Falls Sie dennoch weitere Informationen hierzu wünschen, empfehle ich Ihnen einen kleinen Ausflug zu **http://de.wikipedia.org/wiki/JPEG_2000**. Eine Ergänzung dazu habe ich aber dennoch: Mit dem Dateiformat JPEG 2000, ist es auch möglich **Freistellungspfade** abzuspeichern!

Das TIFF

ist ein pixelorientiertes Dateiformat, es gehört zu den universell nutzbaren Dateiformaten und ist auf (nahezu) allen Rechnersystemen nutzbar. Es unterstützt RGB, CMYK, LAB, Graustufen und speichert Pfade und Alphakanäle unter anderem mit Adobe Photoshop.

Glücklicherweise können mittlerweile so gut wie alle Desktop-Scanner TIFF-Bilder erstellen. Wenn Sie also ein Bild einscannen, empfehle ich Ihnen das eingescannte Bild im TIFF-Format abzuspeichern. Selbstverständlich sollten Sie Ihr Bild auch gleich in der geforderten Auflösung von beispielsweise 356dpi/ppi einscannen. Achten Sie in jedem Fall darauf, dass das eingescannte Bild nicht im JPEG-Format abgespeichert wird! Denn wie oben aufgezeigt, wird beim Abspeichern in das Dateiformat JPEG das Bild komprimiert und damit bereits mit weniger Information (also in geringerer Qualität …) abgespeichert.

Thema **Freistellungspfade**:
Löschen Sie unbedingt in der TIFF-Datei vorhandene Pfade, die Sie für Freisteller angelegt haben! Diese werden normalerweise von Onlinedruckereien entfernt, trotzdem ist das Risiko eines daraus resultierenden Fehldruckes viel zu groß.

Es folgt ein simples Reklamationsbeispiel für eine Datei mit Freistellungspfad.

Reklamationsbeispiel:
Das gewünschte Produkt soll nach dem Druck so aussehen wie unten links, zum Beispiel ein A6 Flyer. Nun haben Sie aber leider vergessen einen Freistellungspfad zu entfernen und geben die Datei so in den Druck. Was Sie aber nach ein paar Tagen als Paket erhalten, könnte leider so aussehen wie unten rechts. Das freigestellte Objekt wurde gedruckt, der Rest der Datei nicht!

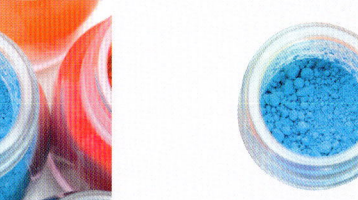

● **TIFF (.tif)**
Tagged **I**mage **F**ile **F**ormat, von Aldus, HP und Microsoft entwickelt.

● **Desktop-Scanner**
Bilder im Dateiformat TIFF abspeichern!

● **Freistellungspfade**
Unbedingt vor dem Druck löschen! So stellen Sie sicher, dass die vollständige Datei gedruckt wird.

● **Photoshop Menüdialog**
Fenster/Pfade

● **Pfad löschen**
Rechtsklick mit der Maus auf den angezeigten Pfad im Pfadfenster und „Pfad löschen" auswählen.

Gehen Sie auf Nummer sicher und kontrollieren Sie einfach Ihre TIFF-Datei auf vorhandene Pfade, indem Sie über den Photoshop Menüdialog das Fenster „Pfade" öffnen und einen eventuell aufgezeigten Pfad löschen.

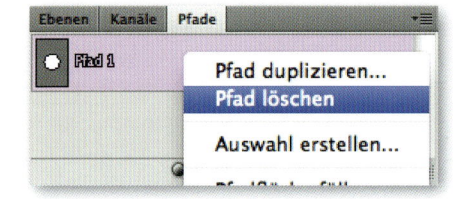

Thema **Ebenen**:
Alle Ebenen, die zusätzlich zur Hintergrundebene angelegt sind, werden ebenfalls von Onlinedruckereien entfernt. Das heißt, auch hier können Ihnen Inhalte auf dem gedruckten Produkt fehlen (meistens sind es vom Kunden angelegte Textebenen …), sofern Sie diese Ebenen nicht vorher auf Hintergrundebene reduziert haben.

Kontrollieren Sie Ihre TIFF-Datei auf zusätzlich vorhandene Ebenen, indem Sie über den Photoshop Menüdialog das Fenster „Ebenen" öffnen und alle aufgezeigten Ebenen (entweder löschen oder) auf Hintergrundebene reduzieren.

● **Photoshop Menüdialog**
Fenster/Ebenen

● **Ebene löschen**
Rechtsklick mit der Maus auf die angezeigte Ebene im Ebenenfenster und „Ebene löschen" auswählen.

Oder besser …

● **Ebenen auf Hintergrundebene reduzieren**
Klicken Sie mit der Maus in das rot eingerahmte Feld im Ebenenfenster (rechts in der Abb.). Wählen Sie im nun erscheinenden Kontextmenü „Auf Hintergrundebene reduzieren" aus.

Alle Inhalte von den reduzierten Ebenen sind noch erhalten, nur sind diese nicht mehr editierbar!

Thema **Alphakanal**:
Ein Alphakanal ist ein zusätzlicher Kanal, der zusätzlich zu den Farbinformationen noch Transparenz speichert. Kurzum, Sie finden einen vorhandenen Alphakanal, indem Sie über den Photoshop Menüdialog das Fenster „Kanäle" aufrufen.

Jede angezeigte Farbe im Fenster „Kanäle" (Abbildung unten) ist ein Kanal (Cyan, Magenta, Gelb (Yellow), Schwarz (Kontrast). In der Abbildung rechts sehen Sie den zusätzlichen Alphakanal.

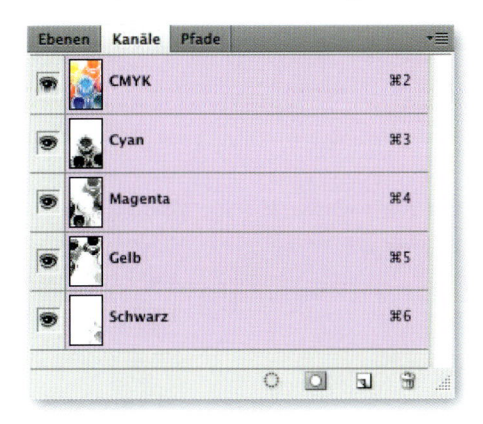

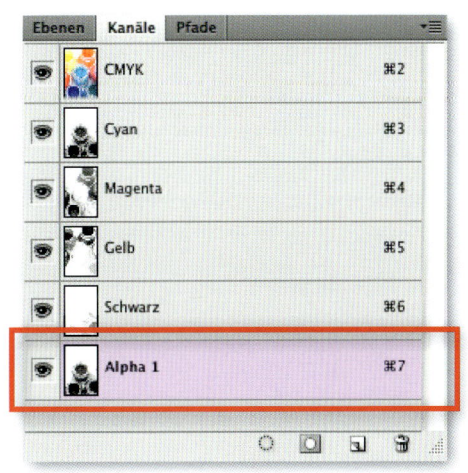

● **Photoshop Menüdialog**
Fenster/Kanäle

INFO
Auch eine Reklamation, die wegen „falscher" oder „ungenauer" Farbwiedergabe eingereicht wird, kann durchaus von einem nicht gelöschten Alphakanal verursacht worden sein – also besser vorher kontrollieren!

● **Alphakanal löschen**
Rechtsklick mit der Maus auf den angezeigten „Alphakanal" im Kanäle-Fenster und „Kanal löschen" auswählen.

Thema **Anforderungen beim Speichervorgang**:
Der korrekte beziehungsweise gewünschte Speichervorgang des TIF-Formates, nach den bereits vorangegangenen Hinweisen, wird im Kapitel „Layout in Adobe InDesign" erläutert.

Das PDF

dient zum plattformunabhängigen Austausch von Daten. Das PDF-Format wird von vielen Verlagen, Druckereien, Softwareherstellern und Betrieben als Austausch- und Ausgabeformat genutzt. Unabhängig vom verwendeten Rechnersystem kann mit dem entsprechenden Leseprogramm (Adobe) Acrobat Reader oder dem Programm „Vorschau", das Systembestandteil von Mac OS X ist, jede PDF-Datei gelesen und ausgegeben werden.

Das PDF-Format unterstützt zum Beispiel die Herstellung von CD-ROM gestützten Katalogen, PDF-Downloads von Internetseiten oder die **Herstellung von High-End-Dateien für die Produktion hochwertiger Printprodukte durch einen entsprechenden PDF-Workflow**.

Grundsätzlich gilt für die Anlieferung von PDF-Dokumenten an eine Onlinedruckerei:
Keine PDFs aus dem MS Office Paket

1. Word, Excel & Powerpoint sind nicht in der Lage den geforderten Farbraum CMYK, geschweige denn ein dazugehöriges Farbprofil abzuspeichern – diese Programme arbeiten ausschließlich im RGB-Farbraum.

2. Word, Excel & Powerpoint sind auch nicht in der Lage die geforderte Mindestauflösung von 300dpi/ppi auszugeben – Diese Programme arbeiten ausschließlich mit 72dpi/ppi.

3. Word, Excel & Powerpoint sind ebenfalls nicht in der Lage, den geforderten PDF/X-3 2002 Standard zu exportieren!

Verzichten Sie auch auf sogenannte „Bildbearbeitungsprogramme", die auf der mitgelieferten CD-ROM Ihres Druckers oder Digitalkamera beigelegt sind. Ihr Recht auf Nachbesserung ist verwirkt
– **Reklamation somit ausgeschlossen!**

INFO Falls Sie keine andere Möglichkeit haben um Ihr Layout zu gestalten und zu exportieren, rufen Sie doch am besten bei einer Onlinedruckerei Ihrer Wahl an und lassen Sie sich helfen. Verzeihen Sie mir bitte, aber wenn Sie dies nicht tun, empfehle ich Ihnen Ihr Geld lieber zum Fenster hinaus zu werfen, denn da sehen Sie es wenigstens fliegen oder – günstig kann auch teuer werden! Die Mitarbeiter wissen, wie Sie Ihnen weiterhelfen können. Normalerweise gegen einen gewissen Aufpreis.

Wenn Sie sich für das Dateiformat PDF entschieden haben, sollte es nur ein PDF nach dem europäischen **PDF/X-3 2002 Standard** sein. Aber es gibt auch noch einige wenige Onlinedruckereien, die ein PDF nach dem PDF/X-1 Standard wünschen. Der PDF/X-1 Standard suggeriert bisher noch vielen (Online) Druckereien einen sicheren PDF Workflow, vom qualitativen Standpunkt gesehen aber empfehle ich Ihnen dennoch eine Onlinedruckerei, die mit PDF/X-3 2002 Anforderungen umgehen kann.

● **PDF**
Portable **D**ocument **F**ormat von Adobe

INFO:
Das **XPS**-Format von Microsoft ist eine Alternative zu PDF!

● **PDF**-Dateien können Text, Grafik, Video, Sound und Animationen enthalten.

● **Keine PDFs aus MS Office**
Office bedeutet „Büro", nicht „Offset"!

Nutzen Sie auch keine im Internet kursierenden kostenlosen PDF-Writer, wie zum Beispiel Ghostscript.

● **PDF/X-3 2002**
Europäische Norm ISO 15930-3 ist „zeitgemäß" und sollte standardmäßig bei allen Onlinedruckereien in den Workflow implementiert werden.

Warum PDF/X?

Das „X" in PDF/X steht für „(blind) eXchange", also für blinden Datenaustausch. Das klingt verlockend, es stellt sich aber die Frage, welcher der beiden Standards der Richtige ist. Bei der Entscheidung hilft ein Blick auf die Evolution der Normen.

Erste Diskussionen zum PDF/X-Projekt gab es in den USA in der **DDAP**-Vereinigung im Jahre 1995 und diese mündeten 1996 in den offiziellen Start des PDF/X-Projektes. Danach verlief der Siegeszug von PDF/X recht zäh, denn erst im September 1998 haben sich die Amerikaner – etwas zum Leidwesen der europäischen Vertretung – für die Normierung von PDF/X-1 eingesetzt und ein ganzes Jahr später, im Oktober 1999, wurde PDF/X-1 zur **ANSI-Norm** gekürt. Ende 2001 avancierte unter dem Namen PDF/X-1a eine modifizierte Variante der Norm zum ISO-Standard.

Einige Unzulänglichkeiten dieses, auf den nordamerikanischen Raum hin ausgerichteten, Standards veranlassten die europäischen PDF-Experten Stephan Jaeggi (Prepress Consulting, Binningen/Schweiz) und Olaf Drümmer (callas software GmbH, Berlin) dazu, der ISO-Kommission eine umfassendere Lösung vorzuschlagen, die die Anforderungen der europäischen PrePress-Branche weitaus besser erfüllt: **ISO 15930-3** auch als „**PDF/X-3**" bekannt.

PDF/X-1a erlaubt lediglich die Verwendung geräteabhängiger CMYK-Prozessfarben und Sonderfarben für CMYK-basierte Ausgabe. PDF/X-3 unterstützt darüber hinaus (optional) unter anderem RGB-basierte Ausgabeprozesse sowie die Verwendung geräteunabhängiger Farben und ICC-Profile.

Der PDF-Workflow hat in der Zwischenzeit viele zufriedene Anwender gewonnen. Zahlreiche Betriebe sind vom PDF/X-3-Workflow bereits seit längerer Zeit überzeugt und realisieren so nicht unerhebliche Kosteneinsparungen bei verbesserter Qualität & dadurch größere Kundenzufriedenheit.

Eine äusserst wichtige und zusätzliche Anforderung von einigen Onlinedruckereien, die nicht im PDF/X (3 2002) Standard enthalten ist: "Alle verwendeten Schriften müssen in Kurven bzw. Pfade konvertiert werden!"

INFO Nehmen Sie diese Anforderung bitte nicht auf die leichte Schulter. Ich hatte Hunderte von Kunden am Telefon, die Ihre Schriften (nur) eingebettet hatten und die es eben deshalb leider völlig zerlegt hat – meistens wurden Umlaute falsch, die verwendete Schrift nur teilweise oder gar nicht dargestellt. Das ist nicht nur bei hohen Auflagen ärgerlich! Da hilft es leider nicht, damit zu argumentieren, dass es ja bisher bei allen vorherigen Aufträgen keine Probleme gegeben hatte.

Einige fachkundige Leser werden sich vielleicht sagen „ ... da war bestimmt der in dem PDF eingebettete Zeichensatz defekt! ...", leider spielt das hierbei nur eine untergeordnete Rolle. Alle Schriften auf einem Druckbogen müssen von der Belichtungseinheit korrekt interpretiert werden – aber die enorme Menge unterschiedlicher Kundenaufträge auf bereits nur einem Druckbogen sind (bisher) nicht, oder nur mit einem immensen personellen oder technischen Aufwand beherrschbar.

● **DDAP**
„**D**igital **D**istribution of **A**dvertising for **P**ublication"
www.ddap.org

● **ANSI**
Norm des „**A**merican **N**ational **S**tandard **I**nstitute", vergleichbar unserer › **DIN**

Alle weiteren Anforderungen einer Onlinedruckerei zum PDF/X-3 2002 Standard, wie zum Beispiel den dazu geforderten Exporteinstellungen und zusätzlich die Überprüfung des exportierten PDFs, finden Sie in ausführlicher Form im Kapitel **„Layout in Adobe InDesign"** erläutert.

● **Info zum Datencheck**
Auch bei einem bezahlten Profidatencheck, werden Sie hierüber meist nicht informiert. („**Aufgemerkt!** ..." Software hat keine Augen!)

Platz 3 – Die Bildauflösung

3.1 Die Bildauflösung Ihrer Datei ist zu gering

Sie bekommen die Meldung „die Auflösung Ihrer Datei ist zu gering", aber um wieviel oder wieviel Auflösung Ihre Datei hat, bekommen Sie von den wenigsten Onlinedruckereien auf Anhieb gesagt.

Das kann beispielsweise bedeuten, dass Sie bei einer geforderten Auflösung von 300dpi/ppi und einer von Ihnen angelieferten Datei mit 299dpi/ppi (die vielleicht noch klar in Ordnung gehen würde) eben die oben angegebene Meldung erhalten können.
In Onlinedruckereien ist dieser Hinweis unbedingt notwendig, um sicherzustellen, dass Kunden nicht (aus Versehen) ihre Druckdaten in unter 200dpi/ppi in den Druck geben, was ein qualitativ minderwertiges Druckprodukt nach sich ziehen würde.

In einem anderen Fall haben Sie vielleicht die geforderte Auflösung in Ihrer Datei eingehalten, keine o.a. Meldung bekommen, haben aber ein für Sie qualitativ miserables Druckprodukt erhalten.
Warum ist das so?

Es gilt grundsätzlich zu unterscheiden:
· Echte bzw. reelle Auflösung oder
· Interpolation (interpolierte Auflösung)

Widmen wir uns zuerst der echten Auflösung.
Die Mindestanforderung von Onlinedruckereien für Produkte ab der Formatgröße A8 (54mm x 76mm) bis einschließlich einer Formatgröße von A3 (299mm x 422mm) beläuft sich auf eine Auflösung von
300dpi/ppi (druckrasterbedingt jedoch auf 356dpi/ppi).
Bei Plakatprodukten ab der Formatgröße A2 (422mm x 596mm) und bei Werbetechnikprodukten beläuft sich die Mindestanforderung der Auflösung auf Werte zwischen
150dpi/ppi und 200dpi/ppi.

INFO Die unterschiedlichen Mindestanforderungen sind sinnvoll, denn eine Visitenkarte (87mm x 57mm) werden Sie in die Hand nehmen und aus unmittelbarer Nähe ansehen – ein Plakat jedoch aus einer gewissen Entfernung betrachten. Ausserdem reduziert sich durch die Verwendung von niedriger aufgelöstem Bildmaterial (z. B. bei Plakaten) die Dateigröße auf ein „erträgliches Maß", was widerum einen flüssigeren Workflow sicherstellt.

Wie eine Druckerei auf die geforderte Auflösung kommt, wird hier nun zusammengefasst und zwangsläufig technisch erläutert.

Rasterweite & Bildauflösung stehen im Druck in einem engen Verhältnis. Die endgültige Auflösung des zu druckenden Bildes lässt sich recht einfach aus der durch den Druck vorgegebenen Rasterweite ermitteln. Je höher der Wert für die Rasterweite, um so höher sollte auch die Bildauflösung sein. Für ein feines, kaum sichtbares Raster muss das Bild mehr Details aufweisen als für ein grobes. So zeigt das Foto in einer Tageszeitung aufgrund des groben Rasters weniger Einzelheiten als eine gleich große Aufnahme in einem Hochglanzmagazin, wie beispielsweise der „Vogue".

Die Rasterweite bezeichnet die Anzahl nebeneinander liegender Rasterpunkte pro Längeneinheit. Druck- und Lithofachleute sprechen von Rasterweiten in Linien pro Zentimeter, DTP-ler dagegen sind daran gewöhnt, das von PostScript diktierte Maß Inch zu verwenden – sie geben die Rasterweite in lpi (lines per inch) an. Ein Raster von 150 lpi bedeutet demnach, dass sich unter der Lupe 150 Rasterpunkte auf einer unsichtbaren Schnur von einem Inch Länge aufreihen.
Dass die Einheit „Linien pro Inch" heißt, obwohl es sich in der Regel um Punkte handelt, mag auf den ersten Blick etwas verwirren; es lässt sich aber dadurch erklären, dass sich die Rasterweite eindimensional über eine gedachte Linie definiert.

dpi, ppi, lpi
In der digitalen Druckvorstufe kursieren mehrere Maßeinheiten für die Auflösung von Scannern, Belichtern und Pixelbildern. Sie sorgen für Verwirrung, da sie suggerieren, man habe es mit unterschiedlichen Maßen zu tun: dpi, ppi, lpi. Die Verwendung einiger Bezeichnungen scheint gerechtfertigt, da sie darauf hinweist, dass es sich um die Maschinenpunkte eines Druckers oder Belichters (**dots per inch: dpi**), oder Pixel eines digitalen Bildes (**pixel per inch: ppi**) handelt. Dennoch liegt allen Bezeichnungen das gleiche Maß zu Grunde: die Anzahl diskreter Einheiten auf der Länge eines Inch.

In deutschen Druckereibetrieben wird gern eine auf die Längeneinheit Millimeter bezogene Rasterweite benutzt (**l/cm**). Man spricht hier etwa vom 70er-Raster. Die auf Millimeter basierende Rasterweite ergibt sich, indem die in lpi angegebene Rasterweite durch 2,54 dividiert wird.

Drucktechnik	l/cm	lpi /dpi/ppi
Zeitungsdruck	34	86,36
Zeitschrift	48	121,92
Magazin	54	137,16
Buchdruck	60	152,4
Kunstdruck	80	203,2
Onlinedruckerei	**60/70**	**152,4/177,8**

Die Tabelle stellt die gebräuchlichen Rasterweiten in beiden Einheiten gegenüber.

Beispiel:
Bei einem 70er Raster und der Berücksichtigung des Qualitätsfaktors ergibt sich durch folgende Berechnung die geforderte Auflösung der Druckerei:

● **Rasterweite**
Anzahl nebeneinander liegender Rasterpunkte/Längeneinheit

● **DTP**
Desk **T**op **P**ublisher

● **Maßeinheit Dot**
Das kleinste auf Ausgabegeräten (das heißt Druckern oder Belichtern) darstellbare grafische Element.

● **Inch**
1 Inch = 2,54 cm
(Inch = Zoll)

● **dpi**
dots per inch

● **ppi**
pixel per inch

● **ppc**
pixel per cm

● **l/cm**
lines per cm

- **Aufgerundet**
Raster 70 = 356 dpi/ppi

- **Abgerundet**
Raster 60 = 300 dpi/ppi

- **Abgerundet**
Raster 34 = 170 dpi/ppi

Raster 70 [l/cm] x 2,54 [inch] = 177,8 [l/inch] x 2 [QF] = 355,6 l/inch
Raster 60 (l/cm) x 2,54 [inch] = 152,4 [l/inch] x 2 [QF] = 304,8 l/inch
Raster 34 (l/cm) x 2,54 [inch] = 86,36 [l/inch] x 2 [QF] = 172,7 l/inch

JUST FOR INFO

Eine Faustregel sagt, dass die Bilddatei für eine gute Wiedergabequalität – sie wird als „Qualitätsfaktor" angegeben – doppelt so viele Pixel pro Längeneinheit aufweisen sollte wie das gedruckte Bild Rasterlinien [Qualitätsfaktor 2,0].

Ich gehe hier nicht tiefer auf den Qualitätsfaktor ein, denn dies ist grundsätzlich ein Thema für Druckereien und soll hier nur kurz im Zusammenhang mit der Bildauflösung erläutert werden.

Ein Apell an Onlinedruckereien:

An dieser Stelle möchte ich auf die unterschiedlichen Angaben bei verschiedenen Onlinedruckereien hinweisen, denn einige werben mit Angaben, die sich widersprechen.

Beispiel:

„ … wir drucken im qualitativ hochwertigen 70er Raster … !"

Wenn Sie sich dann noch die Anforderungen an die Druckdaten ansehen, stoßen Sie aber auf Folgendes
„ … legen Sie Ihre Druckdaten in 300dpi/ppi an … ".

Ist Ihnen etwas aufgefallen? Da sind 56dpi/ppi Unterschied und die fallen unter ganz bestimmten Bedingungen ins Gewicht. Sie finden diesen Zusammenhang im Kapitel „Layout in Adobe InDesign" erläutert.

Kommen wir nun zur „nicht echten" Bildauflösung, der Interpolation:
Im Zusammenhang mit der Bildbearbeitung bezeichnet Interpolation die Erhöhung der Bildauflösung durch hinzufügen „neuer Pixel" im gesamten Bild. Zur Berechnung der „neuen Pixel" werden die Nachbarpixel herangezogen.

- **Interpolation –
umgangssprachlich bei Grafikern**
Bilddaten „hochrechnen" oder „aufblasen"

Die Interpolation ist eine …
· „**scheinbare**" Informationsmenge, die durch Zwischenberechnung (Interpolation) mittels Software errechnet wird und …
· es kommen keine „**Mehrinformationen**" hinzu, es wird lediglich ein **Durchschnittswert** von Farb- oder Graustufenwerten benachbarter „Pixel" mathematisch **berechnet**!

Folgende Interpolationsarten sind zu unterscheiden:

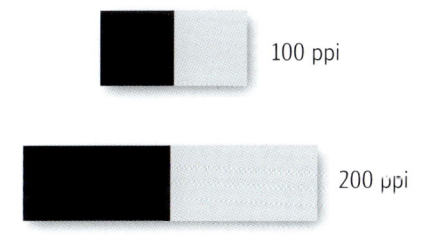

100 ppi

200 ppi

nicht ganz hellgrau

nicht ganz schwarz

Die Nachbar-Interpolation:
Das neue Pixel nimmt die Farb- oder Graustufeninformation seines nächsten Nachbarn an.

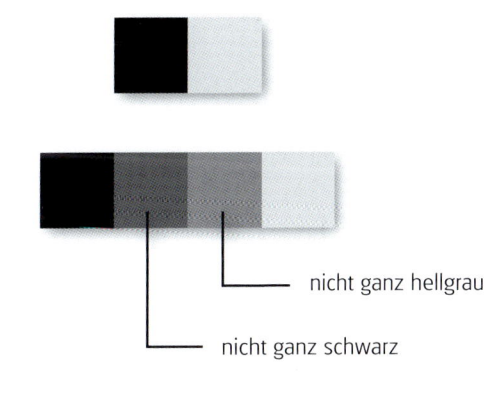

Die Bilineare Interpolation:
Ermittelt Farb- oder Graustufenwerte neuer Pixel aus der Information beider Seiten.

Die **Bikubische Interpolation:**
Ermittelt Farb- oder Graustufenwerte neuer Pixel aus der Information **aller** umliegenden Pixel. Die Bikubische Interpolation zählt zu der am rechenintensivsten und „zeitaufwendigsten" Interpolationsart, aber dafür liefert sie die besten Ergebnisse!

Reklamationsbeispiel:
Ein Bild im Format A6 hat eine reelle Auflösung von 100dpi/ppi. Für den Druck bei einer Onlinedruckerei muss dieses Bild aber 356dpi/ppi Auflösung aufweisen. Der Kunde denkt sich „ … kein Problem!" und interpoliert von 100 auf 356dpi/ppi.

Das sind 256dpi/ppi, die „künstlich" aus den schon „zu wenig" vorhandenen Pixeln hinzugerechnet werden. Was der Kunde als Paketsendung bekommen wird, ist ein qualitativ miserables Druckprodukt – **und auch hier ist eine Reklamation ausgeschlossen!**

● **Info zum Datencheck**
Auch bei einem bezahlten Profidatencheck, werden Sie hierüber meist nicht informiert.
(„**Aufgemerkt!**" … ! Software hat keine Augen!)

Die Interpolation noch etwas anders erklärt:
Machen Sie sich doch einmal den Spaß und bestellen Sie in einem Lokal oder auf einem Weinfest statt ein Glas Weinschorle ein Glas interpolierten Wein. Sie müssten eigentlich das gleiche Getränk bekommen.

TIPPS

Verzichten Sie möglichst auf jede Form der Interpolation und bereiten Sie Ihre Daten grundsätzlich immer in etwas höherer Qualität, als gefordert auf! Denken Sie auch daran, Ihre Originaldaten nie zu überschreiben! Arbeiten Sie am Besten immer mit einer Kopie der Originals!

Versteckte Interpolation:
Vermeiden Sie Qualitätsverluste bei Fotos indem Sie (wenn möglich) auf den Digitalzoom Ihrer Digitalkamera verzichten! Gehen Sie lieber einen Schritt näher an das Objekt heran, denn bei jeder Form von „Zoom" interpoliert eine Digitalkamera! Stellen Sie zusätzlich die maximale Qualitätsstufe für das Abspeichern Ihrer Bilder/Fotos in Ihrer Digitalkamera ein.

Bei einer **Verdopplung der Auflösung** = Speicherbedarf gleich Dateigröße x 4!
Beispiel: Eine Datei hat bei 100ppi eine Dateigröße von 1MB. Wenn diese dann auf 200ppi hochgerechnet (interpoliert) wird, ist sie ca. 4MB groß. Bei jeder Interpolationsart bleibt die Bildgröße zum Beispiel 21cm x 29,7cm (A4) immer gleich! Qualitativ wird Ihre Datei aber, je mehr Sie diese interpolieren, nicht besser, sondern – wie oben beschrieben – größer!

Platz 4 – Falsche Abmessungen

4.1 Das angelieferte Datenformat stimmt nicht mit dem bestellten Produkt überein

Das Datenformat ist in Onlinedruckereien die letztendlich anzuliefernde Datenformatgröße (Breite x Höhe) des bestellten Produktes. Der häufigste Fehler ist, dass der Kunde seine Datei entweder im Endformat (zu klein) oder mit klassischen Beschnittrand inklusive Schnitt- und Passermarken (zu groß) anliefert.

Beispiel: Produkt Briefpapier A4

Gefordertes Datenformat: 212mm x 299mm.
Das ist das maximal anzuliefernde Datenformat, nicht mehr und nicht weniger!
Das heißt für die Grafiker unter Ihnen, dass hier bereits eine Beschnittzugabe von jeweils 1mm an allen Seiten (links, rechts, oben und unten) enthalten ist. Alle Aufträge auf der Sammelform werden im Datenformat des jeweiligen Produktes platziert, das heißt alles was über das Datenformat hinausgeht, wird nicht mitgedruckt werden. Rechnen Sie **keinesfalls** zu dem geforderten Datenformat eine Beschnittzugabe von rundherum 3mm hinzu, wie im klassischen Druck üblich! Diese wird von einer Onlinedruckerei nicht benötigt - Warum?

Alle von Kunden gelieferten Druckdatendaten werden **direkt nebeneinander** auf die Sammelform (den Druckbogen) platziert und zwar so, dass kein Papierweiß mehr zwischen den Aufträgen ist – jede nicht bedruckte Fläche kostet Geld! Um nun die nebeneinanderliegenden Kundenaufträge korrekt nach dem Druck herauszuschneiden, werden in einer bestimmten Abfolge von jedem einzelnen Kundenauftrag die als Beschnitt angelegten 1mm ab**geschnitten**. Daraus resultiert letztendlich das **Endformat eines Produktes** – In unserem obigen Produktbeispiel ist das fertig beschnittene Endformat 210mm x 297mm.

● **Endformat**
Liefern Sie Ihre Druckdaten niemals im Endformat an!

Reklamationsbeispiel:
Ein Kunde reklamiert „weiße Blitzer", die unregelmäßig an den Rändern bzw. Kanten seines bestellten Briefpapiers über die komplette Auflage von 5.000 Stück vorhanden sind und wünscht einen Nachdruck. Was ist passiert?

Der Kunde lieferte die Druckdaten zu seiner Briefpapierbestellung versehentlich im Endformat (210mm x 297mm). Ich möchte in diesem Fall den Hinweis einer beliebigen Onlinedruckerei, dass Druckaufträge „immer in 100% der angelieferten Größe und mittig platziert werden", erwähnen – es wird also keine Anpassung der Größe vorgenommen! Hinzu kommt darüber hinaus noch, dass Onlinedruckereien meist auch eine so genannte Beschnitttoleranz von (±) einem Millimeter haben.
Also gibt es hier keinen Anspruch auf Nachbesserung – Reklamation ausgeschlossen!
Günstig kann auch teuer werden!

Unser Dank gilt besonders:

Bettina Winter
für ihren Ideenreichtum, ihre Geduld und ihr effektives psychologisches Krisenmanagement

Katja Kläfker,
für die Vorkorrektur der Texte

Daniel Schilling,
für das Lektorat der Texte

www.schilling-online.net

Anette Hainz,
[AHa.mediendesign]
für den hervorragenden Satz & das Layout

Druckhaus Frank,
für das tolle Druckprodukt

Firma comacs, Oliver Volkmuth
… denn ohne den richtigen Rechner geht gar nix! ;o)

Last but not least:
allen Kunden, die mich durch Ihre Reklamationen & kontinuierlichen Fragen zu diesem Buch „genötigt" haben :o)

Bildnachweis
Foto-Müller (Karlstadt), fotolia.de